新鲜有趣的话术精进技巧

好好说话

☆ 马东 出品

☆ 马薇薇 ☆ 黄执中 ☆ 周玄毅 等著

中信出版集团 · 北京

图书在版编目（CIP）数据

好好说话：新鲜有趣的话术精进技巧/马薇薇等著
. --北京：中信出版社，2017.2（2023.4重印）
 ISBN 978-7-5086-7150-5

 I.①好⋯　II.①马⋯　III.①人生哲学—通俗读物
IV.①B821–49

中国版本图书馆CIP数据核字〔2016〕第299340号

好好说话——新鲜有趣的话术精进技巧

出　品 人：马　东
著　者：马薇薇　黄执中　周玄毅　等
出版发行：中信出版集团股份有限公司
　　　　　（北京市朝阳区东三环北路27号嘉铭中心　邮编　100020）
承 印 者：唐山楠萍印务有限公司

开　本：880mm×1230mm　1/32　　　印　张：9.25　　　字　数：191千字
版　次：2017年2月第1版　　　　　印　次：2023年4月第60次印刷
书　号：ISBN 978-7-5086-7150-5
定　价：49.00元

目　录

推荐序

好好说话这事儿有多重要 / 樊　登　　　　　V

说话是个"技术活" / 李笑来　　　　　　IX

序　言

好好说话，其实是好好思考　　　　　　XIII

引　言

这个时代要怎样好好说话　　　　　　　XV

01 五维话术
在任何场景好好说话

说话，是一项综合能力。当我们将一种能力发挥到极致的时候，自然就会感觉到它需要进一步的别的能力的补充，达到五维俱全的圆融状态，才能使我们在任何场景下都能成为一个好好说话的人。

说话之伤都是暗伤　　　　　　　　　003

说话的底气来自实力　　　　　　　　005

每句话，都是权力的游戏　　　　　　011

话术能力是全息的　　　　　　　　　020

02 沟通
将双方置于同一平面

人与人之间本是不相连的个体。唯有通过沟通，我们内心的认知才能有机会摆在同一个层面。因此，沟通不只是一般人眼中的说话技巧，更是一种帮助你打破自身局限、在交流中实现自我，并且进一步帮助他人自我实现的技能。

承上启下的工具性沟通　　　　　031

冲突时不要寻求结论与解答　　　056

承认自身情绪，引导他人情绪　　066

通过自我沟通把弱点当成铠甲　　081

03 说服
将观点植入对方心中

一切的说服都只是为了找到一个切入点，好让对方能从中为自己找出一个去做的理由。所以，当我们要说服别人的时候，第一步就是要意识到，每个人都必须拥有对自己行为的选择权，确保它，并且善用它。

用选择权启发对方　　　　　　　091

诉诸需求触及对方痛点　　　　　105

创造压力改变双方立场　　　　　124

04 谈判
把冲突变成合作

首先，谈判起于僵局，且必然发生于"不可忍受的僵局"。其次，谈判的本质就是交换，且主要交换的乃是双方评价不相同的事物。为彼此创造出各种评价不同的事物以供协商与交换，则是所有谈判的精髓所在。

搜集情报的便捷方式　　　　　　　137

突破惯性思维进行出价　　　　　　150

在让步中谈成交易　　　　　　　　158

陷入僵局时不如搁置　　　　　　　167

05 演讲
靠语言的力量赢得观众的好感

在五维话术体系中，演讲是形式最简单，也最能明显体现一个人是否会说话的一项。因为虽然人人都会说话，却很少有人敢于、善于对众人说话，做到自信、流畅、清晰、生动地表述。

别紧张，没人在意你的尴尬　　　　181

照顾到多方面的微妙关系　　　　　195

听众的信任决定演讲的成败　　　　207

自信与表达的自我训练　　　　　　218

06 辩论
通过对抗争取第三方支持

对于普通人而言，辩论训练对于提升反应力、洞察力和大局观很有帮助。而在这个充斥着忽悠和不靠谱的世界里，辩论思维也是一种必要的"心智防身术"。

准确地意识到对方存在的问题　　　　235

辩论的核心能力是反驳　　　　　　　250

借力打力，以退为进　　　　　　　　263

推荐序

樊　登

　　关于说话这件事，古人有一个说法值得大家借鉴。说一句话之前要问自己三个问题：第一，我说这句话是真的假的，有没有事实依据？如果是真的，接着问第二个问题：我说这句话会起到什么效果、有没有用？如果你相信会有正面的效果，再问第三个问题：我说这句话是出自善意，还是只是为了显示我自己独特的见解？三个问题都问完，觉得自己要说的话既是真的，又是善意，还会有用，这时候再说出来。有一天我想试试这招的效果，真的很不错，那一天都没有说过一句话！现在靠说话为生，真不知造了多少孽。还好，看到马老师和渐彪、执中他们比我说话还多，比我更要污一些，我就放心多了。

　　年轻时参加辩论赛，决赛的对手就是胡渐彪领衔的马来亚大学。那时候为了赢，为了取悦评委和观众，不知道说了多少不过脑子的话，无数把"刀子"直插对手。现在想想，真真叫作不会说话。所以看到这群昔日的辩友写了本教大家好好说话的书，我是蛮担心的，恐怕他们不能教会大家好好说话，教大家狠狠吵架还差不多。不过，当看到书稿后一块石头才算落了地，原来这几位也渐渐（快）

过了不惑之年，言语竟然也柔顺了很多。他们有一件厉害的武器，就是专注。不做别的事，几个人在一起住在朝阳公园的一个公寓里（他们是有多么爱着对方啊），每天就研究怎么说话。说实话，比我做樊登读书会累得多，我只是知识的搬运工，他们却是知识的伐木工。甚至黄执中的专业都是大陆少有的"口语传播"，把说话上升到理论层面的高度！所以这本书里还真是有很多属于他们的新发明和新发现。而且因为马老师的写实落地的风格，他们想解决的问题都还挺"俗"的：怎么谈判、怎么搭讪、怎么把坏人噎回去、怎么夸人……哪一个不是你经常捶胸顿足、觉得自己拙嘴笨腮的场景？这种场景化的写作，既可以当工具书看，也可以当章回小说消遣。以他们奇葩般的表达能力，保证你拿起来就不想放下。

　　一个人为什么不能好好说话？大半是因为他的大脑处在自动驾驶的模式中，用自己最熟悉、最不用动脑子的方式回应着眼前的人和事。这就是我们对最亲近的家人常常最不客气的原因，其实这是最不明智的做法。当你用冷漠的语言伤害了周围人的时候，他们的负面情绪会在这个空间里游荡，最终回报在你身上，这就是所谓的报应。但想想一个人瘫在沙发上下意识地按着遥控器那种很爽、很自在的感觉，你就很难干掉自动驾驶的选择了。面对着明明知道天天在玩伤害与被伤害的游戏，却无法自拔的你，我只能说一句"活该"！改变需要动力，也需要智慧，不学习、不改变的人注定要不断伤害与被伤害。所以我挺佩服"好好说话"团队，他们已经可以很自动地说出很美好的话了，但还要不停地反思总结，把成功的经验变成可复制的套路。这真是需要足够的慈悲态度才能做的一件事啊，就像我看到别人不读书就会替他忧心一样，马老师和渐彪他们看到不会说话的人就想赚他们的钱，是一样慈悲的。

那天有人给我演示了一下人工智能是怎么学我说话的，吓我一跳！和我的声音一模一样，语气都惟妙惟肖。今后会有更多人工合成智能出现，它会学我们做事、学我们说话。如果你说话总是自动驾驶，人云亦云，恐怕将来和机器都没什么分别了。幸好，机器是学人的！因此，有这么一个在不断研发说话方式方法的团队是多么幸运的一件事，推动我们要不断进化说话能力，让机器无法猜测其后的情感、意图和语境！

没错，好好说话就是这么重要，它关乎你的幸福，乃至你在这个世界的地位——再不好好说话，连机器都小看你！

推荐序

李笑来

"好好说话"真的不容易。

说来好笑,即便是我已经在台上讲演挥洒自如许多年后,我依然是个经常不会说话、一不小心就说错话的人。

在新东方工作的第五年的某一天,当时的北京新东方校长约见我,说是有事儿要聊聊。我就去了,同去的还有当时北京新东方国外部的主任。聊什么事儿呢?校长听别人说笑来对语料库这事儿很有研究,于是就找我来聊聊,看看我能不能为学校建一个语料库。一路聊得挺高兴,最后校长问了这么一句:

"那你看,笑来,你需要什么样的支持?"

我认真想了一下,说:"其实这事儿花不了多少钱,主要是耗时费力,所以我希望这不是个换了个校长就不见了的事儿……"

天知道当时我脑子是怎么转的,可那眼前发生的一切到今天都栩栩如生——

校长的脸色当场就变了,愣了一下,什么都没说;而与我同去的国外部主任都快急死了,只好在边上给我打圆场:"笑来的意思是说,这事儿是个慢活,得持续做……"

他差一点就把"其实笑来没有别的意思"都说出来，然后也是脸上红一阵紫一阵的……

事实上，在刚刚我说完的那一瞬间，也知道发生了什么，也知道自己"这都在说什么呢"，可说出去的话，就是泼出去的水，是没有办法收回来的——只好硬着头皮扛下去。结果当然是所谓的"不欢而散"，为学校建语料库的事儿也就不了了之了。

后来这事儿成了新东方内部广为流传的段子，人人都知道笑来说话不得体，最后甚至出现了这样的效果：若是哪句话特别不得体，一定会有人问："这话不会是笑来说的吧？"

其实吧，我也不是以不得体为荣的，这事儿真的很难不以为耻、反以为荣——谁愿意是个经常在关键时刻并不招人喜欢的人呢？可"会说话"这事儿真的好像是个完全没地儿去学的东西呢！——我很怀疑对某些人来说，比如我，更是无所适从、无所可依。

在新东方，有一位叫张旎的同事，是我这辈子见过的最会说话的人。有些话其实是很难当面说的，但即便是这样的话，就看张旎边说边哈哈哈，大家也跟着哈哈哈，一路哈哈哈，她就说完了，然后大家一点点的尴尬都没有——简直就是奇迹。

有一次我们聚餐，张旎开车，我和另外一个同事坐在后座，提起一个笑来最近说话不得体的典型案例，大家又是哈哈哈地把这个事儿当作段子，既然大家开心，我也就跟着乐。然后，我就问张旎："其实我真的很羡慕你，我很想知道你是怎么做到的？"

张旎的回答非常认真："我妈妈是个很厉害的销售，她是我见过的最会说话的人。我记得小时候，刚上学那阵，我妈妈天天纠正我说话，基本的句型就是'你要表达的是这个这个吗？那你应该这样这样说'，后来，后来就这样喽！"

哦！这不是天生的，这是练出来的。

这个念头给我带来的惊喜很快就被接下来想到的事实扑灭了——

事实上，这个方法我天天在课堂上讲给学生听。因为我教得最好的是写作课，在写作课上，我总是告诉学生，所谓的"炼句"，其实很简单，无非就是想尽一切办法把同样的意思用许多种方式表达出来，最后选择最为精练、最为恰当、最符合上下文语境的那一个。我快被自己蠢哭了！

人就是这样，很多道理，貌似自己懂，可实际上就是做不到举一反三，哪怕在一个领域里用得很熟练，换了个其他领域就跟白痴一样，就好像从来都不知道、从来都没听说过那个道理一样——你看，这么多年里，我可以在写作里天天使用，可竟然在与人沟通的过程中却从来没有用过！

又过了很久——至少是半年多以后——我才突然反应过来，过去的我，从骨子里过分低估了与身边的人沟通的复杂程度及其重要程度，于是从未向练习写作那样刻意过，于是呢？于是跟白痴一样呗。

就像马东老师的这本书里一再强调的，说话其实是一个综合格斗，需要掌握全息话术。作为一个曾经在一些领域常常说话不及格的我，深知不会说话的恶果——真的很可能会因此错失一个升职机会，或者因此错过一个投资机会……其实最要命的是，不会说话的人常常并不知道自己说话的方式有问题，甚至会理直气壮，比如我，很久之前曾经"不以为耻，反以为荣"地这样为自己开脱："我这个人说话不会拐弯抹角，只会直来直去。"

许多年后，等我挣扎着改了过来、进步了许多之后，发现当年的托词有多么可笑。这有点像那些相貌丑陋的女生对自己收不到情书的解释，并不是"我丑所以没人给我写情书"，而是"我才没有她们那么不正经呢"！

马老师的这本《好好说话》以他一贯的新鲜、有趣的方式传授了说话的核心技巧，一口气读完，感觉很过瘾。我觉得说话技能的修炼，学无止境。我自己也知道自己什么德行，知道自己不是进步太大了，而是岁数大了、环境变了，没那么多机会让自己出丑而已，在会说话，尤其是得体地与人沟通这事儿上，必须要活到老学到老，并且还要练到老。

总体上，我是个相信"道"比"术"重要一万倍的人，可在好好说话这事儿上，我却认为"道"这个东西常常用处不大，或者说，常常真的不够用。"为人要真诚"，就是"道"；"坦率及效率"，也是"道"，但由于这世界就是极其复杂的，而语言本身就是模糊含混、凑合着用的工具（虽然也是极其复杂精巧的工具），乃至坑太多、沟太深、堑太宽，乃至不掌握各式各样的"术"、不频繁操练，就可能一不小心追悔莫及。

总而言之呢，从《好好说话》这本书，我确实学了很多很多，也实践了很多很多，希望你也能学到。

祝大家好运！

李笑来微信公众号：学习学习再学习、新生大学、一块听听

序 言

马 东

　　古代的时候出一本书，大约是没有写序这个程序的。"洛阳纸贵"，写内容都不敢啰唆，要言简意赅，言不尽意，哪有地方去写序。后来从容了，书画碑帖都有了题跋，敢下笔的往往是一时人望的专家权威，在前面写一篇序，有点"光大门楣"的意思。好比一座房子，进深宽窄不知道，门口张灯结彩，至少引得你翘首张望。这本书封面上写着"马东出品"，其实我很尴尬，因为这本书一不是我写的，二不是我出的，写一句"马东出主意"倒是十分贴切。

　　《好好说话》源自一种观察、一群头脑和嘴巴、一次技术进步带来的可能性，还有把这些东西聚集在一起的运气。我们发现自古以来，中国社会都教育自己的孩子要少说话，敏于思而讷于言，因为祸从口出，宁肯鸡贼也不要犯二，省得惹事儿。究其原因可能是农业社会，人一生的活动和生活范围都比较封闭，说错话别人记一辈子，成本太高。今天天下之大，让更多人认识自己的好处可想而知，能言善辩、巧舌如簧，也不再是完全的贬义词，取而代之的是沟通能力和说服力这些词儿，也是醉了。年轻的父母辈不再希望自己的孩子是个闷葫芦，良好的沟通表达能力是今后行走江湖的重要生存技能，这是世道人心和文化结构的改变。

书名叫《好好说话》，其实叫"好好思考"更贴切。这本书的作者们，都长了一颗异于常人的大脑，他们是辩才无碍的表达者，对话题和场景剥茧抽丝是强项，他们把从工作汇报到初次约会、买菜砍价，再到搞定客户的种种场景，分门别类地为你支着儿，还把这些小招数，无论多么复杂都用1、2、3说清楚，好记好用，收点钱还美其名曰知识消费，是消费升级大背景下的时髦花钱方式，你不买都不好意思。MBA课程总是告诉我们，你买的不是电钻，而是墙上那个洞。相比之下，本书作者们卖的是货真价实的思考和脑洞，他们卖的既是一个工具，又是那个结果，真心不贵。

我自己近些年有一个明显的变化，眼花了，对于印刷品的阅读，行为成本提高了（这句话的意思就是看书有点费劲）；听有声书，成了一个重要的"阅读"方式，感谢技术进步，我觉得阅读效率并没有降低。《好好说话》是一个收费音频产品，正是应时当令，干吗要出书？一鱼两吃就是为了多挣一份钱吗？我也没敢问马薇薇、黄执中、周玄毅、胡渐彪、邱晨，但是我理解他们作为一群自以为是的"智识分子"，对印在纸上的文字有一种病态的执着，而文字本身又是对这个音频产品的一个很好的补充，至少他们重新校订，发现了很多自己的信口开河，吓出了一身冷汗，想想我就开心。

最后要感谢运气，让我遇到了这群有趣的人。看完这本书，你一定会有些改变，更好或者更坏。写序已经没词儿了，赶紧翻篇儿，去看后面的内容。

引　言

　　2016 年 6 月，马东领衔《奇葩说》智囊团，推出线上音频课程《好好说话》。在中国最大的音频平台上，这款现象级产品，迅速跃居付费内容销量榜首。

　　个中原因，作为主创的《奇葩说》"金句女王"马薇薇，做了最为精准的总结："因为我们教的东西，大学没有，人生必修。"

　　一直以来，我们以听话的方式被教育，却又以说话的方式被考核，这很尴尬。我们所学的东西无不以表达为指向，他人对我们的看法也几乎都以表达为依据，可是作为最直接表达方式的说话，却始终处于极其边缘的地位，这也很尴尬。

　　尴尬之所在，正是机会所在。况且，在成功所需要的一切因素里，相较于出身、机遇、精力、智力、意志品质，我们最能控制的其实就是说话这件小事。以说话为切入点，可以给自己的人生开启一个辽阔的新世界。那么多年轻人被《好好说话》节目吸引，这本身就是明证。

　　问题是，"好好说话"应该怎么学？传统的教法，是让我们从"好好做人"自然达至"好好说话"。想法是好的，只是现代社会对我们的要求，无法仅凭温情和善意来实现。高度竞争的复杂人际关系、快节奏的学习和工作环境，要求我们掌握更加智慧、更有锐气、更强调科学性与可操作性的"好好说话"之道。

所以，本书要告诉你的方法是：从错误中学，从场景中学；以分析的心态学，以通融的智慧学。

关键词 1：误区

常被人诟病的"不会说话"，比如紧张怯场和言语冲撞，其实只是冰山一角，也容易改正。而大多数的说话问题之所以会成为问题，恰恰就是因为很难被意识到。能听出问题的人，大多都是"老油条"，打个哈哈、给个软钉子也就是了，不会因此跟我们抬杠；而听不出问题在哪里的人，会本能地觉得不爽，跟我们斗气，给我们穿小鞋，却让我们说不出个所以然来。

本来只是说话的错，最后变成我这个人不好，岂不冤枉？所以，学会"好好说话"的第一步，就是认识到工作和生活中那些隐而未现的误区。本书对于说话问题的相关分析，几乎都是从误区着手，正是基于这个原因。

关键词 2：场景

学说话就像习武，一方面，练套路只是为了加强肌肉记忆，所有的运用都要在具体场景中进行；另一方面，只停留在直觉反应层面的技巧又太过狭隘，换一个场景就完全失效。简言之，说话要在场景中学，但是停留在既定场景，又很容易东施效颦。传统的口才教育，也存在这种理论与实践的断层。

因此，本书的具体案例教学会按照这样的节奏进行：第一，围绕具体场景来讲原则；第二，把一个场景中提炼出的原则，落实到新的场景中去。所以你会看到，情侣沟通的技巧，同样可以用在商务谈判中；说服的基本原则，对演讲也同样有效。使读者举一反三地落实到自己生活中的其他场景，是本书教学方法的精髓。

关键词 3：分析

评估状况，是"好好说话"的题眼。可是，像"审时度势""有眼力见儿"之类的说法太过模糊，无法帮助我们客观评价说话的局势。所以，除了启迪和悟性这类老生常谈的智慧之外，我们还要教给你一套有关话语权力关系的可视化分析方法——语际关系图。这种简单易用的图像化技巧，能帮你做一个心里有谱、说话靠谱的人。

关键词 4：通融

和健身一样，说话能力也是以全面发展为目标进行分项训练的。有侧重点、有全局观，才是通融的学习方式。沟通、说服、谈判、演讲、辩论，构成了我们的"五维话术体系"，五维俱全，就能在任何场景下"好好说话"。五个领域之间的联系和转换，是掌握好好说话之道的钥匙。

总之，在这本书里，我们会发现过去没有觉察的误区，掌握过去不曾了解的方法，以全新的视角看待熟悉的场景，从更高的维度破解说话的迷局。

来，和我们一起，好好说话。

01.

五维话术

在任何场景好好说话

说话，是一个人综合素质的集中体现。但是笼统地谈"综合"，不足以认清说话为什么会出问题，以及具体要从哪些方面来提升说话水平。

　　因此，我们围绕话语权这个核心，将话术分为沟通、说服、谈判、演讲、辩论这五维，全面呈现说话的精微奥妙。五维之间既有区分，又有相互转化的内在趋势。因此可以说，这是一个全息的说话练习体系。

世界上本来没有"健康"这回事，所谓健康，只是寻常。同样，好好说话也不是什么了不起的事，只是因为"坏坏说话"的人太多，给人心里添堵而不自知，才需要我们专门学习"好好说话"。在分科问诊、吃药打针之前，先来看个急诊，发现自己身边的说话误区吧！

不会说话是个大问题；没意识到自己不会说话，是更大的问题。

回想一下，你的人生中有没有经历过一些灵异事件？莫名其妙，有些人开始疏远你；莫名其妙，有些邀约人家就是死活不同意；莫名其妙，你会碰到一些或明或暗的软钉子。最可怕的是，你甚至根本不会意识到这一切正在发生，而只是隐隐觉得不顺、隐隐觉得哪里不对。

说话之伤，都是暗伤，自带缓释效果，若无人点醒，至死不知。

道理很简单：能意识到你问题所在的，通常都不会告诉你。心大点的，察人之过笑而不言，但是知道你这人不靠谱，以后有重要的事不能指望你，就会疏远你；心稍微小点的，不跟你计较，但是客客气气找个别的由头拒了你；等而下之的人，甚至会一边给你穿小鞋一边装大度，让你死都没死个明白。

好在这本书是个合适的平台，让你能从别人的错误中意识到自己的问题。透过这本书，你会看到很多尴尬、很多是非，甚至很多残酷的真相。但是若非知道这些"坏"，你的"好"真的得打上一个大大的问号。

当然，你也没必要自责。好好说话的道理，只靠自己是很难悟出来的。你可能本能地觉得别人在某些方面不会好好说话，但是由于缺乏对背后原理的分析能力，你同样也会本能地将其归咎于态度或者智力，除了对方的"坏"或者"傻"之外，并没有任何说话技巧上的收获。其实，故意不好好说话的毕竟是少数，在我们遵循社交规范的情况下仍然会存在的那些说话问题，才是值得我们深入思考的。

同时，由于说话本身的复杂性，好好说话的能力也从来都不是一项天赋的技能。天性善良的人，容易木讷；天性聪明的人，容易尖锐；天性大大咧咧的人，容易伤人不自知；天性细腻柔和的人，容易絮叨惹人烦……特别是，说话有很多特殊的场域，比如公开演讲，比如激烈争辩，比如钩心斗角的谈判，比如扭转局势的说服，比如揣测人心的沟通，每一个都是瞬息万变的战场，每一个都需要精益求精的技艺。仅凭一身蛮力成不了将军，仅凭自己的一点小聪明，离说话达人还远得很。

所以，无论你多小心谨慎，也一定会不自觉地犯过很多错，给人添过很多堵，让人家明里暗里骂一句——"你能不能好好说话？"

我们和你一样，我们和大家一样，一直都在好好说话的路上不断学习、总结。这本书里提到的很多误区，可能会以任何一种形式发生在任何一个人身上，毫无人身攻击，敬请对号入座。

我们是医师，不是禅师；我们教的是入世，不是出世。针对具体问题给出具体解决方案，一定会有技巧，一定会有心机。这不是腹黑，这是智慧。属于这个时代的好好说话，有朝气，也有锐气；不伤人，却也不用屈己从人。

谁都不能保证自己永远能好好说话，怎么办呢？很多人自以为发现了解决之道——"既然祸从口出，那我不说话、少说话，只说客套话和场面话好不好？"

所以你有没有发现，在日常语境里，好好说话的教诲经常被当成"像好好先生那样说话"，用来挫伤年轻人的锐气。由于这种误解，很多人以为，教人说话无非是讲些恭顺礼让、与人为善、退一步海阔天空之类的陈腐论调罢了，似乎只要足够宽厚仁慈，就能好好说话。

真是这样吗？看一个常被用来教导我们不要说话的案例。

问：世间有人谤我、欺我、辱我、笑我、轻我、贱我、恶我、骗我，如何处置乎？

答：只要忍他、让他、由他、避他、耐他、敬他、不要理他，再待几年你且看他。

这是唐代高僧寒山和拾得之间的对话。我们先别管拾得的态度是否洒脱，先想一想：他的对仗之工整、用语之精准、反应之敏捷，岂是常人能及？而且你知道吗？这句话说完，拾得和尚接着又念了一首很长的偈子：

> 老拙穿衲袄，淡饭腹中饱；补破好遮寒，万事随缘了。有人骂老拙，老拙只说好；有人打老拙，老拙自睡倒；涕唾在面上，随他自干了；我也省力气，他也无烦恼。这样波罗蜜，便是妙中宝……
>
> （此处省去 290 字，全文一共 360 字）

是不是头都晕了？现在想一想：如果我们跟拾得吵起来，以他这样的口才，我们确定能赢？

知道人家为什么这么淡定了吧？因为有底气。

底气来自实力。淡定地"不说话"的底气，来自"如果说，就一定能好好说"的实力。所谓静水流深，才能胸有惊雷、面如平湖，不是说肚里一包草、脸上带着温暖的笑，你就能立地成佛。就像韩信能受胯下之辱，就像拳王不跟小混混动粗，就像刘国梁被无知网友说成是不懂球的胖子也不恼火。那些温其如玉、不跟一般人计较的高手，都是先有说话的实力，再有从容淡定的风度。只是因为他们呈现出来的往往都是八风不动、娓娓道来的气质，让很多人误以为只要学到了这个外表，就学到了好好说话的精髓。

再举一个经常被用来教我们不要多说话的案例。

> 子曰："刚毅木讷近仁。"又曰："巧言令色鲜矣仁。"

刚毅木讷，就是看起来不会说话的样子；巧言令色，就是看起来很会说话的样子。表面上看，这是把"会说话"当成了一种罪过，但是且慢，你比较一下孔子对他最喜欢的学生、以德行著称的颜回是怎么评价的：

"吾与回言终日，不违，如愚。退而省其私，亦足以发，回也不愚。"

这句话有两层意思：第一，跟你说了一整天，你没什么语言来回应我，这让你看起来很蠢；第二，你私底下其实能把我的意思讲得很清楚，还能做很好的发挥，这说明你不蠢。

可见，蠢不蠢，正是由"会不会说话"来判断的！

其实，"刚毅木讷"是一种说话方式，"巧言令色"也是一种说话方式，关键看我们用的地方对不对。对老师讲话，当然要刚毅木讷，有一说一，点到为止，不然老师会觉得你在怀疑他的智商；对其他同学说话，当然要善于铺陈，有一说十，自由发挥，不然起不到充分讲解、答疑解惑的作用。真正的"巧言令色"，其实就是按照不同环境变换自己的说话风格，只是偶尔没转换好、显得浮夸，就会被人揪住小辫子。也就是说，遇到孔子，我们的"巧言令色"恰恰就是"刚毅木讷"；而能被看出来"巧言令色"，只能说明我们"巧言令色"的水平还不够罢了。

觉得以上这段分析太暗黑？那就讲个更暗黑的道理——心大，反而让我们不能好好说话。

我们都知道"童言无忌"这句话，一派天真烂漫，想来是极可爱的。可是再想想，为什么非要专门拎出"童言"来说它"无忌"？岂不恰恰是因为，小孩子是最容易犯忌讳、最不会说话的？

为什么？因为心大。

心大，就会欠缺察言观色的敏锐；心大，就会无法洞悉对方的言外之意；心大，就会说话欠考虑；心大，就会伤人而不自知。回忆一下，我们有多少次被人乐呵呵地刺痛，然后人家还特别烦我们小肚鸡肠？我们有多少次听到的道歉是"其实我不是这个意思，你不要多心"？

被这样的人伤害，不回击，憋屈；回击，加倍憋屈。因为当心大成了美德，就不用好好说话了，反正这样才是直率嘛！

你当然不喜欢这样的世界，你当然不希望成为这样的人，因为你已经不是小孩了，听话的时候可以心大，说话的时候却必须要心思缜密。而这绝不是做个好好先生、提高个人涵养就可以做到的——好好说话，是个复杂严密的技术活。

更何况，在这个快速变化的时代，"好好说话"的含义跟传统社会根本就不一样。现代社会的四个特点，决定了说话能力的重要性达到前所未有的高度。

第一，它是由契约精神维系的陌生人的集合。决定你是谁的，既非身份关系，也不是外在限定，而是你的表述，每一个人都必须平等地以自己的言说来证明自己的存在。这并不是说，"你说什么你就是什么"（"You are what you say"经常被误解成这个意思），而是说，人们更多地从你的言论来判定你到底是个什么样的人。

第二，它以标准化和规范化为基本原则，除了极少数走在前沿的科学家和艺术家之外，大多数人所从事的都是标准化的工作，这保证了效率最大化，却也使得脱颖而出显得越发困难。之所以有人抱怨"干得好不如说得好"，之所以企业越来越强调当众表达力，之所以创业者越来越注重个人魅力和演讲的功夫，不是因为做事不重要，而是因为在大家能干的活越来越趋同的时候，说话变得更加重要。

第三，它在信息泛滥的同时，伴随着注意力的稀缺。有没有发现，春晚的相声早就开始在炒网络段子的冷饭？有没有发现，网络流行语和表情包已经成为大多数人私密聊天的主要内容？新兴的信息产业跟原本的大规模工业生产没什么不同，无非是捧红几个超级IP[①]，却让大多数人在鹦鹉学舌的一波波狂欢中沦为新时代的"失语者"。

网络让话语的传播更快、更广，却也让"会说话"——也就是说话有创意、有趣味——变得更难。"你成功地引起了我的注意"，不再只是霸道总裁的调侃，而是对会说话者的真实赞美。像综艺节目《奇葩说》这样全国海选几万人的节目，最后选出来能让全国观众听得下去的、说话有意思的人又有几个？能达到这个程度，才是真正意义上的好好说话。

第四，网络在使说话收益大增的同时，其放大和固定效应也使说话的风险越来越大。说错一句话，代价有多大？可以让官员下马，可以让明星挨骂，可以让企业股价大跌，可以让个人成为众矢之的。从来没有哪个时代，个人随口一句话可以一天之内引起全国舆论大哗；说话，从来没有变成一件如此可怕的事情。

总之，我们不得不说话，不精彩不行；我们也不得不谨慎地说话，不小心也不行。不能逃避，那就必须面对，教你用说话的方式应对这个苛刻而激烈的时代，正是本书的主旨。用第二届《奇葩说》冠军邱晨的话来说：兼具"耐思"（进行深入的思考和分析的智慧）、"耐撕"（处理观点交锋和利益冲突的能力）、"nice"（与人为善，追求达成共识），才是这个时代所要求的"好好说话"。

所以，以下你将看到的不是修身养性的出世之语，也不是温良恭俭的老生常谈。"好好说话"的原则是科学，也是技术，既有理论基础，也有生活中的直觉感悟。我们要用解剖刀，把说话的门道条分缕析；我们

---

① Intellectual property，直译为"知识产权"。特指那些具有长期生命力和商业价值的，能够衍生出一系列跨媒介内容的文化品牌。比如哈利·波特系列小说、电影及周边产品，就统一在"哈利·波特"这个超级IP旗下。——编者注

要用显微镜，把成功和失败的隐性要素变得一目了然；我们要用林林总总的标本，来演示高手和庸手的微妙区别。我们要让你变得谦和而又自信、善辩又能守拙、光彩夺目又机锋内敛、能锱铢必较也能把酒言欢。总之，是把你从人群中的"小透明"，变成进退自如的"那一个"。

不会好好说话，归根到底是因为拎不清状况。那么，到底要怎样分析状况，才能确定正确的说话策略？一个最明确的指标是：权力关系。它决定了现实的语际关系，决定了各类场景下说话的基本原则。为了在开口之前心里先有谱，我们用图示来明晰话语中的权力形势。

一枚导弹，造价从百万元到上亿元不等，其中，炸药的成本几乎可以忽略不计，贵，是贵在能够打中目标上；一套公寓，卖价从百万元到上亿元不等，其中，建材和人工也不是大头，贵，是贵在地段上。

说话也是一样，重要的是语境。我们要教，就从这里教起。

先说一个例子。在名人名言的历史长河中，第一季"奇葩之王"马薇薇至少可以得一个"最简短有力奖"的单项冠军，她那句"养条狗啊"如果不算语气词，其实只有三个字。可是，为什么这三个字会成为年度金句？进一步说，为什么这简单的三个字能够瞬间引爆全场？

只是因为它恰到好处地出现在了一个压抑已久的火药桶上，轻轻一击，就炸了。

当时的辩题是"没有爱了该不该离婚"，秉持"没有爱却仍然要在一起"这一方提出："没有爱了，还是能够（像朋友一样）相互陪伴啊。"这是个虽然让人隐隐不爽，却一时也说不出哪里不对的理由。毕竟对方身段柔软近于乞求，就算有悖情理，也让人不好意思发作。

于是，当全场的郁结之气充斥到一定程度的时候，马薇薇站起来了。她先是顺承着对方温情的说法，柔声道："你没有爱了，需要陪伴，"——然后话锋突转，用她特有的、极具杀伤力的嘲讽口一字一顿地说："养条狗啊！"

就在这一瞬间，观众被轰然引爆。这既不是因为这三个字说得莺啼婉转、绕梁不绝，也不是因为这三个字本身有什么笑点，而只是因为这三个字以正确的方式（简洁有力形成反差），被运用在正确的时机（观众欲吐槽而不得，急需一个出口）上。

这就是语境的力量。

所以，掌握语境，说话才有效。在什么时候说什么话，关键是顺应当时、当地语境的需求。那么，应该怎样正确分析语境呢？除了学习以上这样一些经典案例之外，我们还要掌握一套通用的方法。

这套方法的核心理念是："每句话，都是权力的游戏"。以"权力"为线索，明白话语里面的权力关系，才算是拎得清状况。比如以上这个例子，在《奇葩说》现场，观众是绝对的权力方，"没有爱但还是需要陪伴"这个观点，必须要等到观众心生疑惑、觉得哪里不对又还没想明白的时候，突然点破，才会有效。事先讲一个准备好的笑话，只会让人觉得生硬。

必须澄清的是，首先，这里的"权力"不是钩心斗角的宫心计，也不是官大一级压死人的强迫，它是语言过程中自然形成的形势关系。其次，说话是权力游戏，但却不只是争取权力的游戏。好的语言，既能获得也能赋予权力，也就是能让对方从中获得力量，产生信任，受到鼓励。

另外，按照第三届《奇葩说》冠军、口语传播专业研究者黄执中的说法，口语传播与大众传播不同，它不是利用既有的话语权，而是依靠个人能力去获得话语权，而这正是"好好说话"的研究对象。在自媒体取代传统媒体的时代，这是尤其重要的。因为我们的表达不再只依赖报纸和电视的曝光；恰恰相反，就算拥有传统媒体的强制权力，说话本身如果出了毛病，照样会在社交网络上变成过街老鼠。所以说，这个所谓"权力的游戏"，不但不是陈腐的厚黑学，反而是理解新时代媒介氛围的关键。

总之，话总是说给人听的，说者和听者总会构成某种关系，而在特定的关系中，总会存在谁主动谁被动、谁需要争取谁的问题——这就是我们说任何话的时候都必然要身处其中的"权力关系"。纯就学理来说，影响他人的观念正是语言的终极目的。你需要影响谁的观念，谁就掌握着这场语言游戏里生杀予夺的权力。比如，当希拉里和特朗普辩论时，他们要争取的是选民的好感，所以选民拥有权力，他们的眼睛虽然盯着对方，但是心里都在想着那些无处不在的真正权力者。又比如，乔布斯开新品发布会，首要目标是争取媒体的关注，所以媒体拥有权力，虽然他在现场俨然是神一样的存在，但是无论使出多少花活，万变不离其宗的目的是"让记者传达我想传达的信息"。

掌握这样的分析方法，我们才能抓住题眼，在未曾开口之前先看清说话的真相。反过来说，我们日常生活里大部分的"说错话"，不过是因为没搞清权力的归属，错误地理解了场景，从一开始就选错了策略。

常见的五种说话场景里，权力的大致关系如图 1 所示：

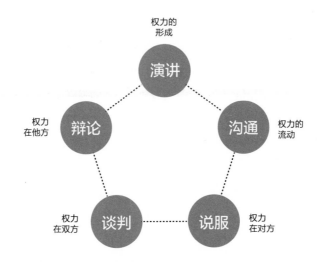

演讲——权力的形成（吸引、聚焦与引导）

沟通——权力的流动（避免冲撞与协调转向）

说服——权力在对方（无权的一方要改变有权的一方）

谈判——权力在双方（双方要合作，才能解决问题）

辩论——权力在他方（双方无权决定胜负，通常由中立第三方裁决）

图 1　说话是权力的游戏

下一节还会更详尽地对这五种说话场景中权力关系进行分析，但是首先，我们可以对照图1，自测一下我们是否犯过如下这些错误。

典型错误 1：演讲时，上台伊始就急着煽情或者下结论

在话语权还没有形成，也就是还没来得及在观众心中建立起我们的亲和性、可信度和权威感的情况下，这样急于求成的说辞，从来就不会有任何效果。带着这个思路，我们再回看那些经典的演讲视频，会发现演讲者最开始都会有一个成功的破冰，也就是在三言两语间拉近与听众的距离——先获得观众的心理认可，再来传达真正重要的信息。我们必须先理解演讲是"权力的形成"，重在对听众的吸引、聚焦和引导，才能在这个场景里掌握主动。

典型错误 2：沟通时，喜欢强行推进自己的结论

比如，有人喜欢用反问和追问的方式逼迫对方同意自己的某些观点，以为这样步步紧逼，就是逐渐接近真相的透彻沟通。然而，这样做，要么使对话演变成争吵，要么对方嘴上说不出什么，心里会彻底对我们关门，变得越来越难沟通。因为沟通是"权力的流动"，重在拉平二者的关系，让双方都能讲出自己的真实想法，所以我们需要的不但不是刨根问底，反而是要像激流中的划艇者那样，在容易触礁的地方不断协调转向，避免冲撞。任何一方凌驾于另一方之上，甚至只是暗示出地位的区别，都是沟通的大忌。

典型错误 3：说服时，以为只要能辩倒对方就可以"以理服人"

事实上，说服是"权力在对方"的一个场景。想象一下，作为一个顾客，我们完全不需要任何理由，就可以拒绝任何人推销的任何东西。这时候，如果售货员以为可以以理服人，一定要问出"为什么不买这件东西"，说不出来就必须买，我们是不是会报警？在说服的过程中，我们就是那个推销员，对方才是顾客。而说服的关键，就是要尊重并且利用对方的自主性，使其从自身角度出发，心悦诚服地接受我们所希望其接受的观点。我们要卸下对方的心理防御机制，诉诸对方自身的心理需求，让"我说服了你"变成"你说服了自己"，让"我的观念打败了你的观念"变成"你的观念升级了"。这既不是卑躬屈膝，也不是蛊惑人心，而是对说话中真实存在着的权力关系表示尊重。

典型错误 4：谈判时，以为只要真诚沟通就一定能携手共赢

比如，我们有没有为方案细节与同事苦聊通宵，以为这就是"有耐心""善沟通"的经历？这种通过软磨硬泡取得的"共识"，真的能让彼此合作愉快吗？就算能，其中花费的时间成本是我们消耗得起的吗？其实，当方案各有优劣、谁也说服不了谁的时候，我们所面临的场景是谈判，而不是沟通，而这是一种"权力在双方"的情况。此时我们需要的是把各自的目的、诉求、损益摆到台面上来谈，通过讨价还价的利益交换，尽快确定一个双方都可以接受的版本。

典型错误 5：辩论时，以为只要压倒对手就是自己的胜利

接着上面这个案例说。当双方就某些细节争执不下的时候，我们也可以通过引入"有决定权的第三方"（比如双方共同的上级）来解决僵局。这个时候，场景就变成了辩论，而辩论是一种"权力在他方"的话语体系。形象地说，是彼此都盯着对手，但是心里都在想着怎样得到旁观者的认同。对手其实并不重要，他们只是我们向第三方证明自己正确的一个工具。这是辩论的基本策略，也是辩论讲究风度的根本原因。（见图 2）

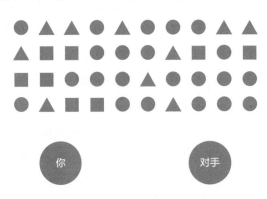

图 2　辩论其实是辩给第三方听

以上这样的场景划分和权力关系梳理，只是最粗略的概述。实际上，我们在每次开口之前，都应该结合具体情况，快速做一遍分析，以图 3 为例。

图 3　好好说话策略流程

在任何一个场域里，我们都必须通过聆听和观察收集足够的信息，来判断权力归属和场景。同样，在每一个场景里，我们都可以通过观察、分析这几个维度，来调整说话策略的细节，具体见图 4。

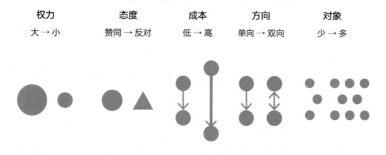

权力——你需要影响的人，自身影响力越大，则权力越大

态度——对方对我们的初始态度是支持还是反对，抑或是中立

成本——我们为影响此人的观点需要付出的综合成本

方向——彼此之间的交流是单向的还是双向的

对象——我们面对的受众多与少

图 4　说话的不同场景

现在，我们试着用图 3 的方法，分析某个环境空旷、听众松散的演讲场景里，大致的权力关系是什么样的。（见图 5）

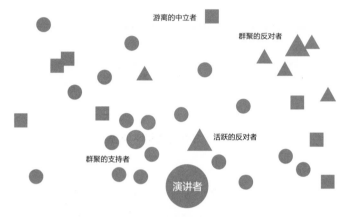

游离的中立者

群聚的反对者

活跃的反对者

群聚的支持者

演讲者

图 5　某个场景下演讲者要面对的观众

在图 5 里我们能看到的是：首先，靠近、关注我们的人，往往是我们坚定的支持者。所以，演讲时要建立一个轻松的气氛，放松自己紧绷的情绪，就要先和自己的支持者建立语言和情绪上的默联结。很多有经验的演讲者在开始正式讲话前，会先与台前比较靠近的人握手，或者公开与场内的熟人互动，就是这个道理。

而那些表情漠不关心的人，既有可能是中立者，也有可能是反对者。后者一般会暗自摇头，或一边摇头一边与人交头接耳，你很容易就可以在人群中把他们分辨出来。一场好的演说，不只是场面热闹、笑声不断，必须留下值得思考和称颂的观念，演说才能流传。而这些，要靠你将中立者转化为支持者，或者将那些不那么坚定的反对者转化为支持者，才能实现。

至于那些主动靠近我们、尝试打断我们，甚至提出刁钻问题的人，则是活跃的反对者。我们完全可以通过良好的应对挑战来强化支持者的关注，并转化部分中立的听众加入支持者的行列。

当然，我们没必要，也没可能每次说话前都做出这样的图示。但是要知道，高明的说话者之所以能够掌控节奏，就是因为他们都有这样一份内化于心的局势图。如果一开始你的直觉并没有这么强，那就不妨按照以上所演示的图像化方法，试着分析一些常见的说话场景，把它当成练习快速分析说话场景的辅助工具，最终做到对说话中的权力关系了如指掌、运转自如。

话术能力是全息的

> 说话，是一项综合能力，而传统口才教育最大的缺陷是只讲单项训练，不解全息话术的奥妙。事实上，正如色有三原、光分七彩，话术能力也是由五个维度集合而成的。按照前面提到的权力关系的不同，分别是沟通、说服、谈判、演讲、辩论。理解它们相互之间的此消彼长和渗透转变，使其随缘应化地共同发生作用，我们就能在任何场景下好好说话。

我们生活在由话术建构的现代世界，这个秘密，少有人知。

不知道，就会困惑。你不明白为什么权力的话语会让位给话语的权力，不明白为什么众声喧哗却只有极少数人脱颖而出，不明白为什么轻声细语能引发雷霆，不明白是什么魔法在操纵人心。多年来，只学会了把自己的挫折、自己的无力、自己的不自信、自己的小透明、自己的泯然众人、自己的话不投机，悻悻然挤成一丝苦笑——"嘻，我这人，就是不太会说话。"

当然，这不是你的错，你也曾经努力学习。有人含着石子练发音，有人在公交上演讲练胆量、有人练习昂首挺胸希望观众看不出自己的无助，有人生吞经典希望用辞藻掩盖思想的苍白。最后，你学会了滔滔不绝段子满天飞，学会了反唇相讥谁也不敢惹，学会了凡事转大词蒙得人晕头转向，学会了看人下菜碟、扮猪吃老虎。你战胜了这个世界上 99% 的用户，成为大家眼中"会说话"的人。然而讽刺的是，如果你有能力达到这层境界，你的智商就足以产生下一个疑惑——这，真的是好好说话吗？

低阶的口才教育，解决不了更高阶的困惑。所以你转向最后 1% 站在话术顶峰的偶像，你去看《奇葩说》的辩论，你去看 TED[①] 的演讲，你去看大师的公开课，你去看 EMBA[②] 的谈判教程，在伟大航路的后半程时，你发现一个令人目眩神迷的新世界，觉得自己之前只是在爬行，而他们却是在飞翔。你不由自主地惊呼：哇，真带劲！原来好好说话真有改变世界的力量。

可是兴奋劲儿过去之后，又有一个新问题——这究竟怎么学啊？

于是你怀念起之前那个层次，很多方法固然傻、固然 low[③]，但至少你明白要怎么做。可是现在这些人，犹如羚羊挂角、天外飞仙，你瞠目结舌他们居然做得到，他们也瞠目结舌你居然做不到。他们主宰，你们崇拜，有没有更好的办法？

有。二维的蚂蚁，不是不能进入三维的圣殿，只要它不再把世界理解为平面。

所以，接下来我要告诉你一个秘密：话术能力是全息的。

沟通、说服、谈判、演讲、辩论，这是最常见的五种话术场景，对应五种不同的话术能力。每一个领域都有站在顶端的大神，他们的表现成为范本，供后来者学习。奇怪的是，他们说的每一句话都摆在明面，字字都是你的母语，然而你铆足了劲儿亦步亦趋，却总是画虎不成反类

---

① TED是科技（technology）、娱乐（entertainment）及设计（design）的缩写，是美国一家私有非营利机构。——编者注

② 高级管理人员工商管理硕士，是Executive Master of Business Administration 的英文缩写。——编者注

③ 网络用语，表示低端。——编者注

犬，这是为什么？

因为你理解错了。

没有哪个成功的演讲，纯粹只是表演煽动；没有哪个成功的谈判，纯粹只是钩心斗角；没有哪个成功的辩论，纯粹只是针锋相对。你看到的分门别类的范例，无一不是综合各种话术能力的结果。温和的沟通，可能蕴含着辩论的机锋和谈判的策略；娓娓的说服，可能需要演讲的华彩和沟通的诀窍。就像没有哪个拳王只会一路拳法，也没有哪个大师只懂一招话术。你所看到的每一个单项的话术经典，都全息地闪现着不同话术能力的光芒。

所以，话术大师和你的区别，就像是黑板前面站着的人，和黑板上的蚂蚁看着同一个五边形。后者看到的是特定的边角，前者看到的是完整的图案。你看到的是沟通、说服、谈判、演讲、辩论各个专项的高手，而真正的高手，却只是在不同环境里呈现不同的面貌。他们永远只问自己一个问题："在这个具体场景中，如何综合运用演讲、沟通、说服、谈判、辩论这五项能力，呈现出最适合当下要求的说话状态？"

视角不正确，一开始你就输了。单学沟通，会变得像兔子一样柔弱；单学说服，会变得像狐狸一样腹黑；单学谈判，会变得像鳄鱼一样冷酷；单学演讲，会变得像孔雀一样显摆；单学辩论，会变得像刺猬一样难缠。因为你就像那只蚂蚁，只看到锐利的边角，没看到图形的全貌。在一般人面前，可能谁都说不过你，可是谁也不喜欢你。跟高手过招，你刚戴好拳套，就被一记边腿KO[1]，昏厥前只记得对方冷冷丢下一句："这是综合格斗。"

你本可以不输，只要换个思路。

----

[1] 英文knockout的缩写，意为击倒。——编者注

你还是要学习沟通、说服、谈判、演讲、辩论，因为任何一项短板，都会让你的话术失衡，就像油瓶盐罐快要见底，不能随心所欲地调和味道。但是不要忘记，单项能力从来不足以解决复杂的真实问题。就像厨艺的本质是调和五味，要的是调料俱全，而非使盐更咸、使糖更甜。任何时候都能好好说话，意味着既能清晰界定五种话术能力，知道它们各自的特点与不足；又能对它们综合运用，按照不同场景选取合适的说话策略。所以你需要做到：

（1）具备并且强化五项话术能力；

（2）各项话术能力都能与其他项目配合使用；

（3）知道具体场景中如何配合使用才能达到最佳效果。

而这，正是我们可以帮助你的。

现在，让我们把光分成七色、把色解析为三原，以前面提到的"权力"概念为线索，分门别类地介绍这五种话术能力。

沟通：权力的流动

沟通偏重"理解"，目的是要学会怎样体会别人的角色、照顾别人的诉求。这是一个人维持人际关系、避免无谓摩擦，并创造良好氛围的基本能力。沟通的要义是平等，双方处在同一个平面才能打开心结，这就需要让权力流动起来，消解既定的权力格局，协调转向避免冲撞，营造畅所欲言的语境。

常见的沟通，有情爱沟通、亲子沟通、危机沟通（避免争端与形象修护）等。而进一步来说，沟通不只能解决我们与别人之间的摩擦，还能解决我们与自己的摩擦。在遇到纠结困惑的时候，不妨也用沟通技巧与自己交流，发现自己被压抑的真实想法。这个时候，你自己就是你的灵魂伴侣。

说服：权力在对方

说服偏重"改变"，也就是将我们的观点和立场植入对方心中，让对方按照我们的预设来想问题，并且得出我们想要的结论。这是话术最有成效的运用，以各种隐蔽的方式存在于常见的广告和宣传之中。

说服的要义，是时刻警醒"权力在对方"，作为无权的一方，我们需要用各种迂回的手段达成目的。所以，说服不是说教、不是洗脑、不是靠机械地强化暴力灌输，而是以劝导方式让对方自行生长出我们所要的论点。而进一步说，说服不只用在外界，也可用于自身，很多自我激励、自我成长的课程，其实就是说服技巧的一种延伸。

谈判：权力在双方

谈判偏重"协调"，也就是在双方合作才能解决问题的情况下，让合则两利、斗则两败的双方，在可冲突、能冲突的情况下去选择合作，并且尽量实现各自利益的最大化。进一步说，谈判的目的不是单纯为了比拼彼此的筹码，而是希望能够透过博弈建立双方的信任，汇集双方的思考，进一步创造彼此的筹码，避免零和博弈。

演讲：权力的形成

演讲偏重"表现"，目的是能够自在、得体、有逻辑地向一般听众进行陈述。这是一个人建立自我身份、传递个人特色的最基本素养。演讲具有激励、告之、礼仪、娱乐等多种功能，但不变的特质是向中立听众系统地、不受干扰地进行陈述。

演讲是形成话语权的过程，我们站在舞台中心，不但要在形式上成为关注的焦点，还要在事实上成为控制全场的枢纽。克服怯场已经很难，让听众全程不走神，还要引导他们走向我们预设的方向，更是一种考验。因此，演讲是说话能力最外在的展现，能够最鲜明、最突出地检验一个人会不会说话，也是人们练习得最多的话术专项。

需要特别强调的是，演讲练习最容易上手，却也最难精通。因为它要求的是表现力，只要稍加指导并且认真实践，一个人就能克服常见的那些硬伤，成为还过得去的合格演讲者。但是要讲而演之、演而动人，不需要任何视觉辅助，就能传递切肤的感受和身临其境的情绪，这却是极高的境界，是要综合顶级的个人魅力、表演能力和控场能力才能达到的。

辩论：权力在他方

辩论偏重"捍卫"，也就是有理有据地维护自己的立场、回应对方的质疑。但是由于双方都无权决定胜负，所以其实是在共同争取中立的第三方。好的辩论并非源于好斗的低劣本能，而是基于高等教育所倡导的批判性思维方法。未经辩论的思想不值得接受，未经辩论的政策不应该推行，是现代社会在观念和实践方面的通行原则。

现代社会，各种广告、传言、心灵鸡汤泛滥，我们每天都在遭受各式各样的资讯洗脑，而辩论就是现代人必修的"心智防身术"。或许，它会让人感到有点刺激、有点不适，甚至有点杀伐之气，但却是我们无从回避，也必须培养的一种能力。更进一步说，辩论的目的不只是消极地"防身"，更重要的是，它能积极地提升决策的效率与品质。辩论，是一套讨论问题的方法论。懂辩论的人一起讨论问题，反而不容易陷入无谓的纠缠，能够显著提高效率。

介绍完了五维话术的基本特征，下一个问题是：为什么说它们具有全息性呢？

好好说话

　　我们演示一下话术修炼的全过程。要想成为会说话的人，首先，你至少要敢讲吧？"会演讲"，是一般人对"会说话"最直观的认识，也是我们建立话语权力、让人愿意听自己讲话的第一步。

　　但是，当我们克服了初学者常见的困难之后，就会慢慢发现，演讲这一关的终极瓶颈其实不是演讲本身，而是与观众的沟通。因为无论演讲水平多高，它都毕竟是单向性的，我们讲得好固然是一方面，观众能否产生共鸣则是更重要的一方面。了解观众的真实心意，看看观众的眼睛就知道现场如何随机应变，这其实就自然过渡到了沟通的技巧。

　　与演讲不同，沟通并不是要建立说话者自己的权力，而是要让权力流动起来，也就是消解既定的权力格局，避免冲突，平等对话。然而在大多数情况下，只是倾听和理解是不够的，我们还需要一定的引导，说得不好听一点，就是要掺进一点"私货"。这样一来，其实我们已经不只是在沟通，而是在说服了。

　　刚才提到，说服的要义是改变对方，而说服的场景又是"权力在对方"的。所以我们唯一能做的就是暗中植入观点，让对方自行产生出我们想要的立场。心理学有大量研究证明，人是多么容易受到潜移默化的影响，商业社会也有大量营销策略在实践这些原理。但是毕竟，在很多时候，这种藏着掖着的说服是不起作用的，比如涉及重大利益抉择的时候，比如遇到双方相互想说服对手而处在胶着局面的时候，说服，就必须升级为把一切摆到明面上来讲的谈判。

　　谈判，是双方软硬实力的比拼，在斗而不破的前提下，尽量争取利益最大化的共赢。这种"权力在双方"的局面，导致话术的走向是寻求共赢，而这就需要试探对方各种利益的权重，并且评估、比拼乃至创造双方的筹码。这样说来，最容易使谈判陷入僵局的，就是双方对同一个事物的不同认知，因此就需要引入中立第三方来化解（所以我们会看到，谈判双方经常要引用第三方机构的评估和仲裁），而这恰恰又是辩论的本质。

辩论，是最紧张刺激的话术，因为它最接近肉搏，是双方观点拳拳到肉的厮杀。但是不要忘了我们反复强调的——辩论是针对第三方的，那些游移不定、看哪边都觉得有道理的观众，才是我们真正要争取的对象。有理有据是必需的，但是辩论总会遇到论点出尽的时候，也就是能讲的都讲了，利弊都摆在这里并且反复质询过了，可形势仍然不明朗。这个时候，观众看的是什么呢？看的是谁表现力强。说白了，这就类似于两个推销员的产品看起来都不错，我们到底会买哪个，其实是要看眼缘的。

我们仔细想想，这个表现力不正是演讲的要义吗？以上我们从演讲说到沟通，从沟通说到说服，从说服说到谈判，从谈判说到辩论，最后又说回到演讲，这里面的相互转化其实是自然而然的事情，而这正说明话术的相通性以及好好说话的全息性。

我们还可以换一个角度来理解这种全息性。首先，沟通是话术之本，也是我们评价一个人会不会好好说话最核心的内涵（它没有演讲那么引人注目，却是更基本的说话素质），但是沟通本身并不足以解决绝大多数的说话问题。所以，这项能力只是基础，要与其他能力综合在一起才能发挥实用价值，就像土地是根本，但地里得长出东西，才能解决我们的实际问题。

接下来，如果沟通得很顺畅，但分歧却仍然存在，那就必须涉及辩论。甚至可以说，辩论是沟通的深化，也可以把它称为"冲突沟通"。而正如我们之前说的，当辩论交锋到极致的时候，决定其胜负的是表演性，也就是我们能在多大程度上把对自己有利的东西"演"到观众心里。可是话又说回来，演讲到极致会变成虽然激动人心却经不住冷静细想的纯粹表演，要解决演讲的单向性和煽动性问题，以劝导的方式让对方自行生长出我们所要的论点，需要的是说服。最后，当说服的观念植入技术不起作用的时候，双方自然就要清楚呈现实力、筹码和意志力，把一切摆到明面上来谈，而这又是谈判的领域了。

这样说起来，从沟通到辩论、从辩论到演讲、从演讲到说服，再从说服回到谈判，仍然是一个环环相扣、息息相关的全息整体。像这样的联系，我们还可以找到很多，因为——这里再强调一遍——话术能力是全息的，五维话术能力也是共同作用的。当我们将一种能力发挥到极致的时候，自然就会感觉到它需要进一步的别的能力的补充，达到五维俱全的圆融状态，才能使我们在任何场景下都能成为一个好好说话的人。

下面，我们就按照沟通、说服、谈判、演讲、辩论的顺序，分享彼此相通的说话智慧。

02.
沟通
将双方置于同一平面

用最简单的话来说，沟通就是使原本不相通的事物变得相通。

　　是的，人与人之间本是不相连的个体。你我之间那与众不同的生命经验、禀赋习性、生活背景，将彼此造就成了一个个口径、深浅、形状都不相同的容器。此时，唯有通过沟通，我们内心的认知才能有机会摆在同一个层面。

　　因此，沟通不只是一般人眼中的说话技巧，更是一种帮助你打破自身局限、在交流中实现自我，并且进一步帮助他人自我实现的技能。

　　从社会的角度来看，沟通不只是一种技能，更是一种责任。

某些药，是为别的药服务的，它们被叫作"药引子"；同样，某些沟通，是为了让接下来的沟通更顺畅，这种作为工具的预备性的沟通，可以叫作"工具性沟通"。在开展实际对话之前，我们有很多准备工作要做；同样，在对话从浅水区渐渐迈向深水区的过程中，我们也需要建立基本共识、扩充对话时间、调整预设认知以及释放可能的善意。

及时有效地传达信息

为自己赢得表达的时间

‹ 误区 ›

没时间？说快点！

我们很多人在传达信息时，往往面临两个难题：没机会、没效率。这其中包含一个共通的重要因素——时间。

人生中有很多这样的时刻：你想说话，却发现机会稍纵即逝，不得不在短时间内解决战斗。比如在电梯里遇见领导，或是客户拨冗给你三分钟介绍产品的机会，抑或是在女友负气出走前追上去想连忙解释误会……此时，怎样让他们愿意听我们讲话？怎样让他们回应到我们想讲的主题呢？

很多人有个毛病，想着既然时间紧迫，那么当然就要快问快答、长话短说，恨不得像相声里"报菜名"那般，连珠炮似的一口气把事情说完。

但请注意，沟通这件事永远是双向的，不是你单方面把事情讲完了，任务就结束了。更重要的是，在表达的过程中，听众还得能投入，沟通才算成功；否则，说得飞快，只会让原本能耐心表达的重点变成一股脑的噪声。一不小心，情况就会变得像早年的琼瑶连续剧那样，男主角满头大汗地在一旁忙着解释，只换得女主角捂着耳朵，摇着头说："我不听，我不听！"

❮ 小诀窍 ❯

"买时间"策略

时间既是阻碍沟通最大的绊脚石，也是成就沟通最好的催化剂。所以在沟通中，我们最需要的往往是为自己赢得时间，才能让人家愿意听我们好好说话。

在此，我们要介绍一个"买时间"的小技巧。

什么叫"买时间"呢？简单说，就是在对方不给我们足够时间说话的时候，先别忙着去埋头想自己要讲什么，而要先去思考——如何才能让别人愿意花更多的时间听？

我们得先给自己争取到时间，才有机会说清楚自己的想法。

比如在面试中，当主考官突然出题："现在给你一分钟时间，请你展现一下个人魅力（或其他特质）。"这时，你会怎么办？一分钟，够干什么呢？唱首歌都不够，怎么展现个人魅力？

其实，这就是考验我们在条件不足的时候，要想办法创造条件体现自身的能力。此时我们要做的其实不是展现魅力，而是争取能够展现魅力的时间。

如果我们没什么可以当场展示的才艺（这几乎是肯定的），那我们可以这么说："让我用一分钟时间展示魅力，这个挺难的，尤其对于我来说。其实工作的时候我是一个没什么魅力的人，存在感不强；但不知道为什么，身边很多朋友都说跟我相处起来很舒服，一起做事的时候，能让他们觉得特别安心。也许，这也是一种奇怪的魅力吧！所以，可能会有点超时，但是不知道我可以讲几个这方面的例子吗？"

这短短几句话里包含了三层意思。

第一，制造意外。面试官要求展示魅力，但是作为应聘者来说，你不按常理出牌，直接告诉面试官你几乎也没什么魅力好展示的，至少在这个场合施展不开。

第二，引发好奇。抛给面试官一个疑问：没什么魅力，为什么别人愿意跟我一起工作呢？你难道不想知道吗？

第三，回应主题。当面试官对你所说的"没有魅力却受欢迎"这个主题开始感兴趣时，你就可以开始讲几个小故事，说明自己是如何春风化雨、润物无声，能让人觉得舒服却又不显露自己。即使超时，对方也不会计较，因为我们已经给自己买到了时间。

这样的智慧，其实古已有之，我们再举一个例子。

战国时期，齐国有个公子叫田婴，准备在自己的封地（薛）筑城。但在那个年代，这种行为其实就是在经营自己的私人武装，很容易引起齐国国君的猜疑。田婴身边的门客纷纷劝阻，最后田婴实在心烦，就放了句狠话，说："谁再来说这件事，我就杀了谁！"

此时，有个说客就跑来跟他说："公子啊，关于筑城这件事，我只讲三个字，多说一个字，你就把我给杀了。"

这就是我们所讲的"制造意外"。果然公子一听，心想：三个字就能说服我，怎么可能？好，我倒是要听听你想说什么。

于是说客通过这个动作，就很成功地从那原本"一句话都不想听"的公子身上，买到了说三个字的机会。

接下来，就是"引发好奇"。于是说客走上前，恭恭敬敬地说了三个字——"海大鱼"，说完扭头就走。这下，轮到公子不干了！海大鱼？什么意思？事情没讲清楚，怎么能一走了之呢？追问之下，说客依旧不答，因为一开始说好了只能讲三个字，故"鄙臣不敢以死为戏"。

结果，公子只好反过来安抚说客，让他但说无妨，不会治罪。为什么？因为说客已经引起了他的好奇心。到了这一步，说客从原本说三个字的机会，又进一步地买到了畅所欲言的时间，而他完整的观点，也是在等到了这个阶段后才开始表达。

最后，就是"回应主题"。说客制造了好奇之后，还是得回到主题上来，而且还得讲出一番道理，不然对方发现你只是故弄玄虚，恐怕最后还是不会放过你。那么，"海大鱼"到底是什么意思呢？实际上说客是用比喻的方式告诉田婴现实状况——齐国就是你的大海，而你就是这片海里没有天敌的大鱼。但如果在封地筑城这件事上引起了齐王的怀疑，齐国不再庇佑你，那你就会像大鱼搁浅在沙滩上，谁都可以欺负你。到时候，城墙筑得再高，又能挡得住谁呢？

田婴一听有道理，筑城这事就再也不提了。

这就是一个运用"买时间"策略的典型案例。制造意外、引发好奇、回应主题，将原本紧迫的沟通机会争取扩大，让对方不由自主地想听下去。

所以，当表达的时间受限时，千万不要继续一根筋地按照原本的思路讲下去，也不要把话说得跟连珠炮似的，而要首先考虑为自己买时间，让对方有耐心听，我们才有可能完整地表达自己的思路。

〈 使用注意 〉

首先，这招买时间，只能用于对方不给你时间，而非情势不给你时间的情况。所以当你衡量现实状况，发现紧迫的不是人，而是局势时（譬如失火了），还是要长话短说。

其次，够胆买时间，你就得有底气用好买来的时间，不然你成功地引起了关注，最后没讲出什么东西来，只会失败得更惨。

常用句型

●请先给我一分钟好吗？保证不耽误您时间。

●关于这件事，如果您不给我时间解释，那就是逼着我说谎话了。

●这事很复杂，你想知道详情吗？

传递坏消息的分寸与技巧

〈 误区 〉

怕被骂，所以言行失当

日常生活中，有些人因职责所在，常要负责对别人报告坏消息。比如身为医生，要向家属传达噩耗；身为老师，要向家长传达小孩不良的品行；身为人力主管，要向被裁掉的员工传达离职通知……在传播领域中，我们一般把这类专门负责向他人传达坏消息的人，称之为"报丧者"。

好消息来了，我们能兴高采烈地四处传播，这没什么问题。但面对坏消息，如何转述和报告，就相当考验我们传递信息的水平了。因为尽管错不在你，"报丧者"却总是特别容易遭受池鱼之殃——毕竟，一般人听到坏消息的第一反应往往是愤怒、否认，而近在眼前的"报丧者"，往往就成了最好的发泄对象。

报告坏消息的时候，最常见的误区就是因为要表现出感同身受，反而让自己受牵连，成为被指责的对象。以往那些狗血影视剧作品中，有个常见的误导，那就是医生向病人报告手术结果的时候，经常演得太过，家属还什么都没说，他就自顾自面色悲戚，一副"这种结果，我实在不能接受"的表情。

然而，这样就要出问题了。本来你只是一个来传达消息的、不承担任何责任的中立方，可是一旦你表现得过于同情，就容易给对方一个迁怒于你的情绪出口："你既然这么不能接受，当初为什么不再努力一点。"明明本来不关你的事，却要因此受牵连。

报告坏消息时的第二个误区，就是我们经常会混淆"善意"和"愧疚"这两种情绪。为了表达自己没有恶意，很多人开口就是"对不起"，换来的却未必是对方的心平气和，反而很可能是一句恶狠狠的话："说对不起有用吗？你得给我解决！"

我们要明白，很多人都有一种阴暗心理，就是遇到坏事总想找个人负责，谁离得越近谁就越危险，这是大家都共有的人性阴暗的一面。所以，表达善意的时候如果混杂着愧疚，就容易被人抓住把柄，对方很容易会觉得：如果你没错，你在愧疚些什么呢？本来这事没你的错，也都会变成是你的错。

至于第三个误区，则是有些富于行动力的人，在传递坏消息的同时，为了安抚接收方，也为了避免自责，往往会主动出言安慰，甚至出谋划策，试图帮对方解决整个问题，却忽略了这样做其实很容易有失分寸，并伴随着极大的风险。

首先，作为传达消息的中立方，你未必了解事情的前因后果，主动安慰和建议，一个弄不好就画虎不成反类犬，让原本就情绪不佳的对方更添愤怒。比如，有些人喜欢自作主张地说类似"没事啦""想开点""这说不定也是好事呢"这些话，可是如果你传递的坏消息其实对接收方来说是天大的事，你这么轻描淡写、大事化小，对方会怎么想？

其次，当你主动安慰的时候，就将自己的身份由"不承担责任的传达者"转变成了"要承担责任的行动方"。试想一下，假如对方听了你的安慰，过会儿发现心情还是很糟糕，再回来找你，那你是不是还得接着安慰？如果你给对方出了主意，他听着觉得有道理，再详细咨询，你是不是还得帮着他把后续工作做完？毕竟建议可是你提的啊！这其中就算没有出纰漏，你也得费神劳心，付出不必要的努力；而万一出了任何问题，责任还得归你。

本来没有你的事，主动安慰之后却多出了一部分你要负责的事，不啻引火烧身。

〈 小诀窍 〉
专业、善意与陪伴

在日常生活中，我们常教导大家要有人情味一点，但是在传递坏消息的时候，我们更需要展示出的应该是一种中立的姿态，既不过分亲热，又不过分冷漠，才能做到既准确忠实地传递消息，又不会进一步刺激到接收方的情绪。

首先，在不过分亲热方面，没有什么比专业人士的中立姿态更让人挑不出毛病的了。所以在医患沟通准则中，总会提醒医生一定要注意塑造自己的专业形象，并且尽量在专业的环境里进行交流。对其他专业人士而言，有制服的，要把制服穿整齐；没有制服的，服饰、声音、表情、姿态也都要有专业人士的规范。说话要清楚有力，不要支支吾吾；眼神要直视，不要躲躲闪闪。而这些细节，其实也是在暗示告知方没有做什么亏欠被告知方的事情，坏消息不是来自告知方，告知只是因为职位、身份，才来向被告知方传达这个消息。

所以，无论是医生对患者说检查结果不妙、人力资源对求职者说没有被录取，还是银行职员对客户说贷款没办下来，这些都充分展现出自己的职业特点，都需要经常练习这种专业性，既不拖泥带水又毫无生硬之感，才是最好的尺度。

其次，我们日常在与人沟通时，经常强调一个概念叫"同理心"。面对坏消息时，当我们怀着善良的、悲天悯人的情怀，正所谓"人同此心、心同此理"，自然而然就会生出一种"我应该多做一点事来帮助你"

的心态，慈悲行为就是这么来的。但其中有一点微妙的差别需要注意，那就是：我们应该表达的是"愿意帮助的善意"而非"过失在我的愧疚"。

我们可以试着比较一下这两句话：

"对不起，这事办砸了。"

"很遗憾，这事没成功。"

仔细想想我们就会发现，"遗憾"是因为对方会难过，所以我们从人道主义的角度觉得也不开心；"对不起"则是因为这事没做成我们也有责任。前一句话，对方马上就可以抓住话柄，说一句："事到如今，你光说对不起有什么用？接下来，说说看你要怎么办吧。"但后一句话，对方顺着语境，话锋往往很自然地就会变成："呜呜呜，那现在，我该怎么办？"

所以要记住，不论我们有多善解人意，我们都只是来传达消息的，而不是来道歉的，说句"很遗憾"也就行了，不要上升到愧疚、抱歉这种话。注意这一点情绪上的微妙差别，很多时候就可以避免后续的无尽麻烦。

最后，既然前面不断强调，当我们作为坏消息的传递者的时候，不要过分亲热，那么，这是不是意味着，报告完不好的消息就应该赶紧走，一刻也不停留呢？

在这里请大家注意，走当然要走，可是跑得太快，还真有可能会犯错误。因为行色匆匆就代表着不尊重，就算我们没有做错任何事，单是这个不尊重也足够把人气疯了——"哦，我们家出这么大事，你就当什么都没发生？"

所以，报告坏消息的时候，最好是在一个封闭或者半封闭的空间，而且最好是先跟对方一起坐下来。别着急，要表露出一种态度，那就是：

"你一定有很多疑问，你一定觉得这不可能，没关系，我可以在这里一直陪你，帮你耐心解答问题。"

可是，有一个关键点需要特别注意，那就是之前提到的：可以陪伴，但千万不要主动安慰。无论是想当然地说一些自以为"体贴"的话，还是用主动的肢体语言，比如握住对方的手或拍拍背来安慰人，抑或是给出所谓"积极的"解决方案，都不可取。要时刻牢记，作为"报丧者"这样一个天然就不讨好的角色，分寸重于一切，任何越界的行为都有可能节外生枝，给双方都带来不必要的麻烦。

好比电影《在云端》中，由乔治·克鲁尼饰演的"解雇专家"就深谙此道，每单业务，他都拒绝使用视频工具进行远程解雇，而是坚持亲自飞去需要裁员的客户公司，与被裁员工面对面沟通，但绝不多说一句不该说的话，既从容地尽到了陪伴的义务，又不至于因为贸然给出建议而旁生枝节。

‹ 使用注意 ›

请注意，这里谈到的"传递坏消息"的分寸和技巧有一个适用范围，那就是这件坏事并非由你造成，你只不过是因为身份、职业使然的一个传递渠道而已。毕竟，很多时候病人治不好，不是医生的责任；经济形势不好老板不得已而裁员，负责通知这事的人力资源也只是尽他转达的职责而已。所以我们才说，要专业而不要同情，要善意而不要愧疚，要陪伴而不要主动安慰。但是如果这事本身就是你的错，那么情况就完全不同了。这个时候，你应当做的第一步是先学会如何道歉（请参照"冲突沟通"一节中"蚂蚁搬大象"式的道歉技巧）。

常用句型

●我来说明一下，这件事情是这样的……

要表达专业性，首先你的表述要中立客观，如果可以，最好还能有一点权威感。所以在报告坏消息的时候，要尽量避免说"我觉得""我认为"，不要支支吾吾，而是要用类似"说明"这样的词语，用不带个人主观色彩的表述方式，强化你的专业形象。同时也要传达出免责信息——这件事不是我造成的，我只是来告诉你它是怎样的。

●我很遗憾，情况并不乐观……

说遗憾，意味着你仅仅是出于人道主义而表示出善意，有别于愧疚和抱歉。

●有任何疑问你都可以问我，我会告诉你我所知道的一切信息。

首先，表示愿意解答疑问，是在尽陪伴的义务；同时强调自己说的都是知道的事情，是在暗示自己只是个信息的传递者。如对方问起，知无不言，但也言尽于此了。

迅速真诚地营造关系

破解初次见面的尴尬

‹ 误区 ›

没话题？聊隐私

在刚认识的人面前，我们或多或少都会经历面面相觑、无话可谈的社交尴尬症。比如拜访客户时，面对等候室里那位殷勤接待的实习生；出差时，面对主办方派来接机的工作人员……这种时候，大家萍水相逢，要深聊，实在没必要；要完全不搭理人家，则彼此面面相觑十几乃至几十分钟，又好像不太礼貌。

像这种短暂的社交尴尬，老一辈的人，往往都是用"探询隐私"的方式来解决，比方问问"你结婚了吗""有没有对象啊""小孩多大了啊"。毕竟在过去那个年代，彼此打探打探家庭背景，以示不拿对方当外人，也是一种表露善意的方式。

但在今天这个时代，大家越来越重视个人空间，强调多元生活，你要再想找话题可不能问这些问题了。一来是交浅言深，容易给对方压力；二来是怕人觉得你别有企图。

❮ 小诀窍 ❯
聊名字

在没话找话的情况下，最简单的一招就是和对方聊聊他（她）的名字。

> "您好，初次见面，我叫黄执中，请问您怎么称呼？"
>
> "我叫马薇薇。"
>
> "哦，wēi是哪个wēi？"
>
> "蔷薇的薇。"
>
> "哇，好漂亮的名字，你父母是希望自己的女儿像朵花吗？"
>
> "是啊，还要有刺呢！"
>
> "哈哈哈，我觉得同样用花草取名字，用薇薇就比叫什么兰啊、

芳啊来得更别致，而且将来取英文名也容易。"

"是啊，我的英文名就叫……"

聊名字有几个好处：

第一，陌生人相遇，一开口永远是请教姓名。所以既然开了这个头，不如接下去，也省得额外找话题。

第二，即便再怎么不了解对方的背景或嗜好，但有一点是永远不变的，那就是每个人总是对他（她）自己最有兴趣。所以跟别人问起名字的寓意、取名的由来，或者聊几句称呼或绰号的趣闻，既能表现出你对陌生朋友的重视，又绝不怕冒犯对方。

更何况，与西方姓名动不动就是约翰、汤姆、玛莉或茱蒂相比，中国人的名字有一个很大的特色，那就是父母给我们取名时，在短短两三个字中常常融入大量的寓意、典故与期盼。甚至有时候，名字还包括了家族的族谱用字、长幼排序、五行风水。如果我们恰好懂得对方名字里的典故，几乎一上来就可以给对方留下不错的印象。

那要是不懂呢？没关系，用请教的方式也能聊。尤其一些少见的姓氏或者冷僻字，用在姓名里，几乎都能让对方带出一段话题。简言之，只要沿着对方的名字开聊，我们就会发现自己眼前是一个宽广的天地，从聊名字开始，最后可以变成聊家庭、聊个性、聊人生……

"您好，初次见面，我叫黄执中，请问您怎么称呼？"

"我叫邱晨。"

"嗯，早晨的晨，是因为在早上出生的吗？"

"对啊，我妈妈生完我时，眼见医院窗外的破晓特别漂亮，所以就取了这个名。"

"感觉挺有朝气。"

"没有啦，其实我这个人很颓的。"

"哈哈哈，颓才好啊，我也不喜欢给自己太大压力……"

❮ 使用注意 ❯

　　和对方聊名字时，有一点必须切记，那就是千万不要说出"这个名字很常见""啊，我认识一个人，也叫这个名"之类的话。因为每个人都会希望自己是独一无二的，所以除非对方主动提到"我跟那个名人同名，也叫黄磊"之类的话，否则我们都应该避免去稀释对方的独特性。

　　此外，本篇的重点主要是针对那些萍水相逢、没有打算深交的陌生人，用来填补尴尬的社交空白时使用。如果面对的是想要更进一步拉近关系的对象，譬如重要的客户或心仪的女神，那么光聊名字反而会因为过于客套而造成距离感，使用时要谨慎。

常用句型

　　● 您这个名字很少见，别人应该一听就很难忘吧？老师点名的时候是不是总逃不掉？

　　● 您父母应该很有文化，才会取这样一个寓意深长的名字。

　　● 哈哈，您这个名字，是不是常被人读错？

用聊八卦拉近距离

聊天，完全不能涉及私生活

上文我们谈到，聊天的时候涉及隐私是不礼貌的，但是这个原则也不是绝对的，特别是对于那些你比较亲近的，或者是想跟对方热络起来的人。只要选择正确的话题和切入角度，聊到私生活反而是拉近距离的一种方式。

这个观点乍看起来有点奇怪，但是你反过来想想，如果聊天时完全不涉及私生活，对话会是什么样的呢？你应该见过那种互相利用只谈钱不走心的饭局、各自吹嘘抓住一切机会显摆自己的聚会、没话找话客套对客套的场面、无话可说低头刷手机的场景，这些对话的确都不涉及私生活，可是真的有意思吗？

当然，志同道合的知音，可以就共同的爱好聊得开心又不涉及隐私，但是这需要双方都同样专业而且喜好一致，而这是可遇而不可求的。更糟糕的是，如果围坐在一起的还有别人，往往完全插不上话，我想你一定也见过饭桌上两个人聊得热火朝天，其他人像听天书一样昏昏欲睡的情况吧。

所以，从大家身边的事情出发，谈及私生活，也就是俗称的八卦，虽然听起来容易冒犯人，但却是真正跟人打开心扉、拉近距离的必选方式。

只不过，同样都是聊八卦，很多人的聊天方式就很容易惹人反感、招人讨厌。

比如聊到婚姻，很多人会问："你怎么还不结婚啊？"这句话十分容易引起他人抵触，对方内心的声音一定在说：我凭什么要结婚啊？你结婚早了不起啊？就算只是问"你有没有对象啊"这样的话，在我们这样的文化环境里，也容易被当成一种压力。

同样的问法还有："你生孩子没有啊？你什么时候生孩子啊？""你在哪高就啊？什么职位？待遇好不好啊？"

〈 小诀窍 〉

不给对方施加压力

既然有时候我们必须涉及私生活才能聊得热络，而涉及隐私又容易招人反感，那么这类问题究竟应该怎么聊呢？换言之，如何正确地八卦呢？

其实，把刚才说过的这些误区倒过来想一想就会发现，不给对方施加压力是最根本的原则，具体来说，有以下三个注意事项。

注意 1：不要索取信息，而要分享态度

很多时候我们打听对方信息，只因为说法不够讲究，以至让对方感觉到被评价，甚至被歧视。

有人可能会说："我就是问问你有没有小孩或工作怎么样嘛，知道这些我才能更了解你，才能跟你走得更近啊！"然而事实上，有没有歧视不是我们自己说了算，而是对方说了算。社会上就是天生有很多鄙视链，我们自己心里得有数。就算自己没这个意思，别人也可能会觉得是这个意思，这你就百口莫辩了。

其实，很多时候稍微换个说法，就不会给人歧视的误解了。比如，我们想知道别人有没有小孩，有的人会这样问：

"你有孩子吗？"

"打算什么时候生呢？"

"小孩多大啦？"

这种单方面索取信息的问法，给人的感觉不会很舒服，会觉得像是在接受拷问，可以改成分享态度，比如问：

"你喜欢孩子吗？"

"这年头当父母啊，真是越来越不容易！"

这类问题就比较不会伤人，因为"喜不喜欢"或"容不容易"只是表达态度，聊起来没有压力。且态度这东西，聊着聊着，对方往往就会很自然地变成跟我们分享信息，比如顺便告诉我们："喜欢是喜欢，不过现在工作太忙，还没有计划要小孩。"或者是："唉，家里生了两个，现在累死了！"

此时，你们对话的重点就能从分享态度进阶到分享信息，双方关系也就更拉近了。

同样，当以后想问别人"有没有买房"或"有没有女朋友"之类的问题时，你也不妨调整一下，改成："你觉得现在这个时候投资房子可行吗？"或者："我觉得女生真是麻烦，有时候还不如一个人呢！"

像这样，把态度问题抛出去，对方自然就会聊到我们想要知道的信息。

注意2：抛砖引玉，以自我揭短的方式向对方抛出话题

在我们聊八卦的时候，很多压力都是来自另一方无意间的炫耀。比如我们想知道对方最近的情感状况，这样的问法就是不合适的：

　　"情人节我男朋友送了我一个新款的包包，我超喜欢！哦，对了，你跟你男朋友最近还好吗？"

　　无论对方有没有收到男朋友的礼物，这样的问法都会让人感觉是在炫耀，无形中给对方造成了很大的压力，对方有可能会带着敌意的态度，拉开架势和你比谁的男朋友更好，或是抱持着"你有礼物了不起啊"的心态结束这场对话。

　　但同样的话题，如果你以自我揭短的形式问出来，先试试水，效果就会好很多。比如：

　　"我男朋友最近总是加班，相处时间很少，我不开心的时候，他也只会用买个包这种方式哄我。我看你男友对你特别用心，你有什么相处的诀窍吗？"

　　在这里你先对自我状态进行否定式陈述，让对方感受不到压力。接下来，对方不管是和你聊起她男朋友的贴心举动，或分享他俩的相处之道，抑或是吐露和谐表象下的真实情况，你都可以了解到对方更多的信息，关系自然也就拉近了。

　　同样方式也可以问工作状态："我最近觉得自己的工作没劲透了，可就是下不了决心换工作。我看你干得倒是挺起劲儿，你怎么就能这么上心啊？"只要我们这样问，对方一定会跟我们透露那些平常不太会跟人说起的信息。

　　这里的关键，是抛砖引玉从自身讲起，自我揭露而不是炫耀，同时提出一个开放性的问题，这样才能自然而然地聊得比较亲热。

注意3：把问题抛给在场的所有人，而不是特意面向某个人

多人聊天时，同一个话题可能是这个人的甜蜜点，也可能是另一个人的禁忌区，想要避免他人的反感，聊天时要尽量把话题抛给更多的人，那些不想接话的人也自然不会感受到太大的压力。而只要我们提出的问题能够引起共鸣，总会有人接话茬，大家聊开了，自然就会你一言、我一语，更多的信息就出来了。比如，我们想了解一下身边人的婚恋状况，可以这么开头：

> "我现在根本不想结婚、不想生小孩，可是父母天天催，你们这些还没结婚的有没有想过什么时候结婚啊？你们是怎么应对父母催婚的？"

这样一问，周围人的婚恋情况基本就清楚了。

总之，聊八卦时应以不给对方压力为大原则，做到不索要信息、不炫耀自己、不具体针对，才能既拉近关系，又避免冒犯。

〈 使用注意 〉

第二点注意事项"自我揭短"，不是要你说谎话，总不能男朋友明明送了你包包，却故意装可怜说没送，好去套对方的隐私。这种行为，日后一旦被抓到，会留下极坏的风评。

同时，揭短也并不意味着抱怨，它的意思是要你在同一个现实中（比如男朋友送包包）分享出不同的感受面（他也只懂送包包），好让旁人可以从中发现，自己的生活也是有亮点、能炫耀的（我男朋友虽然没送包包，但会每天陪我聊天）。

常用句型

● 唉，我现在觉得找工作好像还是要找自己有兴趣的最重要，你
觉得呢？

● 你喜欢目前的工作吗？

委婉礼貌地拒绝对方

‹ 误区 ›

想借钱？借多少？

生活中，要开口跟人借钱固然很难，但坦白说，要开口拒绝熟人向
你借钱，其实也一点都不轻松。

面对亲友的请求，没有人喜欢借钱出去，但是也没有人愿意因为一
点钱就得罪亲友。面对那些我们不想伤感情但又不想借钱的亲友，该如
何拒绝呢？

许多人的第一反应就是问："你想借多少？"而这是大错特错的。

因为首先，你一开始就把话题的焦点放在"借多少"这个问题上，
相当于已经错失了拒绝借钱的机会（对方内心活动很可能是：你如果一
开始就不打算借，干吗问数额呢？既然问了，就意味着或多或少总能借
点呗）；其次，除非你问完之后毫不迟疑地拿出钱包，否则你同时也失
去了借钱给对方时原本可以收获的人情（对方内心活动很可能是：你居

然讨价还价之后才借给我一个打过折的数目，我就算借到钱也觉得受到了侮辱）。比如我们演示一下：

> "马薇薇啊，最近我手头有点紧，可不可以先跟你借两万？"
>
> "哎呀，我现在手头也不方便。这样吧，这里有2000你先拿去用，可以吗？"
>
> "唉，2000真的不够啊。帮帮忙，看在老同学的分儿上，能不能再多借一点？"
>
> "那我看看……"
>
> （对方内心：现在不管你借不借，我都不会领你这个情了）

这种无休无止的、不快乐的纠缠，就成了对话中的主要基调。可见，一上来就着重"借多少"的应答方式是不对的。毕竟，只要一谈起金额，那么这场谈话的主动权就会落到借钱者的身上，对方的每一次讨价还价都好像是在质问：

> "你舍不舍得这么多？"
>
> "你现在手上有多少钱？"
>
> "你觉得我们的交情值多少钱？"

以上这些问题正是我们最难以回答的，说实话钱包吃亏，说谎话良心吃亏，总之都是自己不舒服。甚至在许多情况下，讨价还价之后借给对方，还不如干净痛快地拒绝，更能维系双方关系。

究其根本，这是因为在咱们中国人心里，跟每个亲友的感情或多或少地都与某个具体的金额挂钩。亲近点的，愿意借的金额会多一点；疏远点的，愿意借的金额会少一些。比如，同学借钱，在我们心里顶多 1000 元封顶，不还就算了；亲戚借钱，大概可以承受 1 万元，多了自己就会心疼，还得日夜担心人家不还。然而，把这个"情感数额"拿到台面上说，却是一件很失礼、很不讲情感的事情。

正因为如此，当一个我们实在很不愿意借钱的人开口来向我们借钱的时候，往往就意味着我们内心对他认定的那个金额，跟他所自我感觉的金额，压根儿不是同一个数字。所以，此时一旦你将借钱的重点放在金额上，彼此的关系就已经基本走向破裂。人情变成了讨价还价的交易，借钱的双方会在不好意思的彼此纠缠中商量出一个居中数目，可两个人都觉得自己亏了，再加上日后我们不甘心地催钱和他不以为意的拖延，这种本来就脆弱的关系早晚会断裂的。

总之，将重点放到借钱的金额上，是想要拒绝他人借钱的人最容易走入的误区。

❮ 小诀窍 ❯

别关心金额，先关心原因

遇到亲友借钱，第一步，一定不是先关心"借多少"，而是先关心"为什么"。唯有这样，才能把焦点放在对方身上，掌握这场谈话的主动权。

其差别在于：对于"借多少"，这个话题是落在我们身上；但对于"为什么要借"，这话题是落在对方身上。别忘了，借钱时给我们一个合适的理由是对方的义务。而先问原因，一方面显得咱们重情重义，关心对方的生活；另一方面也把压力转嫁到对方的身上，更容易采取下一步的举动。

此时，对方说出的借钱理由也不外乎两种：

一是救急，比如说家人生病要借钱救命，这个时候我们的态度往往是能帮就帮。如果对方借钱的数额实在太大，借不了那么多，或是压根儿不想陷入无止境的催钱与拖债中，也可以将你认为合适的金额用包个红包的方式送给对方，而原本是想借钱的亲友也不太可能挑你的理。

二是免息，比如说对方是因为买房、买车等一切购买行为而借钱，目的是为了省去银行利息，把我们当免息并且无限期还款的银行在用。面对这种理由，一旦开始借钱，基本上以后双方的关系就是催款关系；不借，反而可能还有一线生机。

当对方说出诸如买房之类的借钱理由时，不要马上说"买房啊，不借"这样让人尴尬的话，而是要进一步以关切的态度来确定对方缺钱的原因，比如：

"买房首付不够啊，理解理解，现在房子的确太贵了。"

千万不要傻乎乎地直接问对方，凭什么买超过自己支付能力的房子，这样显得很不客气。只要我们开始感叹房子太贵，跟对方做出同仇敌忾的样子，对方一定会顺势进一步解释不是自己非要超前消费，而是丈母娘或者老婆逼的，这就间接帮助我们确定了对方借钱的根本原因及压力所在，同时也为提出拒绝理由打下了基础。

而探听清楚原因后，接下来，我们就可以根据对方的原因给出一个不借的相似理由，比如：

"我借钱是因为最近想筹划买房，你看能不能帮我周转周转。"

"哎呀，怎么这么巧，我恰好最近也在计划买车，手头的资金压力也很大，想帮你也是有心无力啊。"

此时，大家都是为了自己的美好生活在努力攒钱，对方脸皮再厚也不会说"你的美好生活先等等，我的美好生活比较急"吧。

再比如：

> "最近老板承诺的奖金一直没到位，生活实在有点困难，你能不能帮帮我？"

> "啊？你也遇到一样的问题啊！我们老板也是一样，工资都拖着不发，现在的老板怎么都这样啊！"

直接表明与对方遭遇一样的困境，还可以借势与对方一起抱怨老板，情感上也可以下得了台阶。

这个诀窍的巧妙之处在于：当对方以某种原因为理由向你借钱时，对方一定会觉得这个理由本身很有说服力，他人无法拒绝，而用同样的理由来拒绝对方时，他也同样没办法再接着纠缠，或否定你的理由不重要。

❮ 使用注意 ❯

这一篇的分析比较多，因为在我们谈到如何拒绝亲友借钱时，所分享的其实不只是如何说话的技巧，还包括一定程度的人际观与金钱观。当然，对于后两者，人生没有标准答案，所以仅供参考，有不同看法的朋友大可将本篇重点放在对话目标的挑选上。

另外，希望你做好心理建设，借钱给人从来都不是义务，没什么不好意思的。你肯学习好好说话，把拒绝的话说得好听些，已经是在额外付出了。

常用句型

- 你最近是遇到什么困难了吗?

- 我也遇到了一样的问题，真抱歉没法帮到你。

冲突时不要寻求结论与解答

与说服、辩论、谈判不同的地方在于，在冲突沟通中，我们在意的并不是寻求一个具体的结论或问题的解答，而是借由冲突的发生宣泄压抑的情绪、表达自我的感受，以及促进双方的理解。

换言之，从沟通的角度来看，冲突并不是一个我们需要刻意回避的问题，而是一个人与人在相处当中必然会产生，且用以表达自我存在感的过程。

人际冲突预防为主

❮ 误区 ❯

意识不到"两个版本"的存在

日常生活中，有很多看似微小的冲突，由于沟通不良，在日积月累后都有可能成为人与人之间的不定时炸弹。所以，要改善人际关系，最重要的不应是后知后觉地弥补，而是要针对冲突产生的机制进行预防。要弄清楚，那些看似微小的冲突到底是怎么产生的，又是因为什么原因而没能现场解决，从而积累成了人与人之间关系的裂痕。

这往往是因为，我们意识不到一件事情存在"两个版本"。

什么叫"两个版本"？就是我们每个人在面对同一件事的时候，内心都有一个专属于自己角度的版本。在我们自己所编写的版本中，所有的行为都是有原因、有苦衷的；而所有外在的、来自他人的反弹与质疑，对我们来说都是缺乏体谅的、胡说八道的，甚至是挑衅的。

举个例子，大家就明白了。

> 小明和大牛是一对同寝室的室友，小明习惯早睡，而大牛却是个夜猫子，常常开着灯到三更半夜。为此，两人总是闹得不愉快。此时，在小明内心的版本里，大牛晚睡只不过是在打电玩，没干什么正经事；而自己早睡早起，则是为了养精蓄锐，做好第二天的课业。所以这件事，不光是生活习惯的差异，更意味着大牛这个人太懒散、太贪玩，既没有教养也不懂得尊重别人。

> 但在大牛内心的版本里，自己晚睡主要是因为白天压力大，才想趁着晚上打打电玩放松一下，更何况自己有时候是在温习功课；而小明每天一大早起床都会吵到自己，他都忍了，可对方现在却得寸进尺，连自己的睡觉时间都要管。所以大牛认为这件事不仅是生活习惯的差异，更意味着小明娇生惯养，还干涉别人生活，是小题大做且恶人先告状。

> 当小明在诉说那个属于自己的版本时，他会觉得自己是在忍无可忍之后才理直气壮地提出抗议；而大牛在听到小明的版本后，则会觉得小明不但恶人先告状，而且还"扭曲事实"冤枉人。于是，冲突愈演愈烈，此时两人的纠纷早已不是生活习惯的摩擦，而上升到人品和是非的矛盾了！

这就是"两个版本"的陷阱在人与人沟通中产生矛盾的主要原因。虽然我们在沟通时都会强调"我对事不对人"，但在每个人的心中，对于事实都有一套属于自己的版本。所以，我们就要了解，所有的沟通事实上都是在"对人不对事"。在沟通中，我们对于事实的每一个陈述，都是在以某种形式攻击那个拥有不同版本的人。

　　囿于情绪和认知的不完全，我们往往意识不到"两个版本"的存在，而都误以为是对方不讲道理。这时候，冲突就不可避免地存留下来甚至爆发出来。

❮ 小诀窍 ❯
感受的预防针

　　既然认识到了"两个版本"的问题，我们就要努力去拆除这个陷阱，而最简单的方式就是打一剂"感受的预防针"。比如，当你想要宣泄情绪、表达不满之前，试着做一些这样的铺垫：

　　　　"抱歉，这或许未必是事实，但我难免会有这种感觉。"

　　　　"抱歉，这或许未必是事实，但我难免会觉得你这样做是对我的一种不尊重。"

　　　　"抱歉，我知道你希望我早睡，不是故意要干涉我的生活，但我总忍不住会有这种感觉。"

　　之所以用"感受的预防针"来为之命名，就像为了抵抗疾病，小孩需要打预防针一样，面对某些敏感的沟通，我们也会需要预防针。而这句话的妙处在于，它预先向对方说明"我接下来要讲的仅仅只是我的感受而已"，也就等于是在暗示说"我讲的有可能不是客观事实"，从而大大降低了会给对方带来的被冒犯和被攻击的感觉。

　　紧接着，你会发现沟通的重点发生了奇妙的转化：你在意的重点是说出后一句"我有什么感觉"，而对方在意的重点则是前一句"这或许不是事实"。把"预防针"用在上面的例子中，事情就会变成这样：

原本，小明会对大牛说："你晚上不睡觉，还不是因为贪玩！"

现在，小明会这么说："抱歉，这或许不是事实，但我难免会觉得你晚上不睡觉只是因为贪玩。"

原来的说法会在一秒钟点燃大牛的怒火，然后大牛用暴跳如雷或反唇相讥引爆矛盾；而现在的说法则会在表达立场之余，也留给大牛述说与解释的空间。如此一来，对话就能持续，两人的沟通也会立刻舒缓很多。

所以，"感受的预防针"的好处正在于，预先照顾到了容易被引爆的情绪，从而让理性的沟通有了接下来延展的空间。以"对人不对事"为切入，最终达到了"对事不对人"的沟通效果。

⟨ 使用注意 ⟩

"感受的预防针"的用途，是让我们在表达自己的感受时，不至于因对方过度防卫而引发不必要的反弹。但打这种预防针的目的并不是要我们隐藏自己的感受，所以，在使用时也一定要注意将后半段清楚、直白地表达出来；否则，虽然没有爆发矛盾，但问题也无法得到沟通。

常用句型

• 抱歉，这或许未必是事实，但我难免会有这种感觉……

预先承认这只是自己的主观感受，减轻对方被否定和被攻击的感觉，让对话能理性、平和地进行下去。

- 你知道我这个人其实有点作（敏感或容易受伤），不过我确实感觉到……

这是变形版"感受的预防针"。当你在指责他人之前，除了承认这只是自己的感受外，更要试着用自己的一些缺点拿来给对方"陪绑"。这样铺垫之后，他也更容易心平气和地听进去你的批评建议——毕竟你都已经先自承其错了嘛。

怎样说话不得罪人

〈 误区 〉

我又没说啥，你干吗生气?

说话这件事，应用面很广，在日常人际交往中最核心的影响就是，它会决定你的人缘。很多人羡慕那些会说话的人，其实，也就是羡慕他们能说会道带来的好人缘。相反，所谓不会说话，最重要的标志就是容易一不小心得罪人，三言两语就让旁人心里不舒服。

你可能会觉得"说话讨厌"都是别人的事，跟你无关。可是你想想，大多数人其实都很看重人缘，平时在生活中自然也会时时注意自己的表达，避免口不择言、开罪他人的情况发生。然而为什么总有那么多人做不到这一点呢? 为什么你质问他们为什么不好好说话的时候，他们总会委屈地说：我明明没说什么啊，怎么就把别人给得罪了呢?

其实，得罪人有显性和隐性两种。未必非得起了正面冲突、口出恶言才会得罪人，很多时候，我们即便心里并没有什么恶意，但表达上和思路上出了问题，还是会让人觉得不舒坦。

更麻烦的是，在后一种情况下，对方也知道你不是有意的，所以那些埋藏在话语间、隐隐约约的不舒坦，还不好跟你一一摊开来计较，以致他心里疙疙瘩瘩，变得更加不舒坦，只好对你敬而远之。

从心理学的角度讲，有三种暗示最容易让人觉得不舒服：

暗示 1：想表示关心，在别人听起来却是指手画脚

我们在生活中经常听到这样的说法："你这人怎么这样啊？""你屋里怎么这么乱啊？"这就叫评头论足、指手画脚。也许你只是想关心一下人家，但每个人都是独立的个体，你突然跳出来说了这么一句话，仿佛是评断别人的法官一样，这就让人不舒服了。

也许你会说，这是在指手画脚地批评人，我当然知道要避免。可是你知道吗？即使你本来是想表示关心，甚至是要夸奖别人，如果采用了这样一种说话方式也会让人不开心。例如，你的同事因为工作出色拿到公司的奖金，你称赞一句"真棒！祝贺你"这是没问题的；可是如果你煞有介事地过去拍拍他的肩膀，用评价的口吻赞许地说："做得不错。"甚至还要发表一些对其工作的点评和建议，你不觉得哪里怪怪的？

归根到底，当你指手画脚地评判他人的时候，无论评价是正面还是负面的，传递给他人的潜台词都是"我处在比你高的地位"。在与人平等沟通时这么做，当然就会得罪人了。

暗示 2：想表示安慰，在别人听起来反而是漠不关心

不关心，就是不尊重；不尊重，当然就会得罪人。而这里最大的误区在于，有些我们脱口而出的看似安慰的话，常常会起到反作用，反而让对方觉得我们对他是漠不关心的。比如人家遇到困难时，我们常会说："人生就是这样，有时候做事情就是会出错。""没事的，我是过来人，这都是小事。"

类似这种"降低事情重要性"的句型，我们说起来，会以为这是在安慰人家看开点，但听在当事人耳里，往往更像是站着说话不腰疼的风凉话。因为所谓"看开点"只能他自己说，你不能帮他做决定。这样，在你完全没意识到的情况下，就会让人觉得不爽。

又比如，刚刚组建一个团队，新加入的成员刚入门没经验，常会犯些低级错误。此时，有些缺乏经验的团队领导为表示善意，通常就会说："这很正常，大家开始的时候都这样。"

这句话确实没错，但就是温度有点低，因为你这种口吻，在试图削弱问题严重性的同时，也否定了新员工的独特性和他们之前工作的重要性，类似于"你们活该这么笨嘛，我对你们也没什么指望，所以别在意"。这种说法，会让团队成员觉得你看他们就像是看一窝蚂蚁，每只都长得差不多，怎么努力都差不多，自然容易感到一种漠不关心。

暗示 3：想表示委婉礼貌，别人听起来却是暗藏心机

回想一下，当一个人对你说话暗藏心机的时候，你会有什么感觉？肯定会觉得哪里不太舒服。因为，此时我们不知道对方想让我们做什么，但总觉得自己在被别人利用，当然会有一种不爽的感觉了。比如有些人在微信上留言，喜欢说两个特别讨厌的字——"在吗"；有些人求人办事，喜欢说一句特别讨厌的话——"你什么时候有空啊？"我相信大多数人看到这样的留言、听到这样的提问都会觉得头皮发麻，实在不想搭理。

当然我们也理解，会这样说话的人应该也是怕打扰到对方，所以先明确一下是否说话方便。然而你要知道，对方一旦明确对你表示有空，就意味着很难拒绝你的要求，这其实是有点绑架成分的。所以，你明明是想要礼貌地求人帮忙，最后却变成了他人心中的别有用心，长此以往，你的人缘当然也好不了了。

《 小诀窍 》

焦点放在"人"身上

首先，当你想要评判他人的时候，没必要非得用那种指手画脚的评价式表述，不妨试着以自己的感受为出发点。

比如，"你这人怎么这样啊"是一个会让人不舒服的评判，所以在说的时候，如果改成描述自己的感受："你这样，让我很难做。"听起来就会好很多。

原因在于，前者是对他人居高临下的评断，在人际交往中是一种"越界"；而后者只是对自身感受的表达。平辈论交，我们无权评判他人，但有权表达自我。于是，在意思一样的情况下，我们就巧妙地把评价别人转换成陈述自己的状态，既说明了问题，又不至于得罪人。同样，在刚才提到的那个祝贺同事的例子里，你完全可以不去评论人家，而是拿自己说事："真棒！我要是像你这么有才就好了！"你看，这样既表示了祝贺，又避免了评价。顺便说一句，明白了这个道理，你又何必搜肠刮肚去寻找既高大上又贴切的词语去夸赞对方的长处，还怕别人觉得你不懂行，或者是觉得你在对他指手画脚、妄加评论呢？

另外，在恋爱中，很多懂得如何撒娇的女生，从来不会去指手画脚地评价伴侣"把男朋友当成你这样真是够了"，而是直接从"我"出发，说"你这样做真的让我很受伤"。同一件事，前者让人不快，后者却让人怜惜。

其次，要怎么避免给人留下漠不关心的印象呢？那就是在安慰的时候，最好强调人，用"这件事对你真可惜，但你的付出，我都知道"来取代"别难过，这件事根本不重要"。

比如，你与其表示："没事的，我是过来人，这都是小事！"还不如说："唉，我知道你花了很多时间和心血，结果变成这样，真是非常可惜。"

又比如，在之前提到的新员工犯错的例子中，团队领导可以说："大家辛苦了，你们有多努力我是看在眼里的，这个阶段本来就很容易出现问题，我当年刚来公司时，表现还不如你们呢。"

同样是场面话，这种表达听起来就比较热乎，因为它以"你"为重，突出了个体差异性（我当年刚来公司还不如你们），就不再显得那么漠不关心了。这虽然只是说话技术上的一小步，但却是我们能否拥有好人缘的一大步。

最后，当我们想求他人办事的时候，其实最需要的就是第一时间把要求说清楚，这是一个思路上常常被忽略的要点。人和人之间少不了相互帮忙，可是得大大方方地说出来，我们才好确定这个人情该不该给，而不是被偷偷摸摸地当傻子利用。

当你问别人"你什么时候有空"的时候，有没有想过，人家如果帮你，难道仅仅是因为他有空吗？有空的时候他能干的事情多了去了；反过来想，就算没有空，也不意味着他不愿意为了你变得有空。

所以，求人办事就要一股脑地把想办什么事、有什么地方需要帮忙、事情的来龙去脉是什么、哪些方面是有顾虑的、有没有什么实际的好处等事先想明白、跟人说清楚，才算是尽到了求人帮忙的义务。退一万步讲，你先漫天要价，人家也能坐地还钱，你一句话不说先来一句"在吗"，又不说清楚什么事情，对方反而不愿意跟你沟通，还隐隐觉得有种差点被你套住的不舒服感。

❮ 使用说明 ❯

看完这篇，有些人或许会觉得太麻烦了，为什么只不过是说句话还要顾虑这么多？更何况，只要我是无心的，那么有些话就算对方听完不开心，那也只能怪他玻璃心。

但沟通这件事，本就是一个点点滴滴、不厌精细的过程。那些说起话来让我们觉得舒服的人，并不是因为他们口才特别好，说了什么特别让人开心的话，而是因为他们能预知每个可能的棱角，并且预先进行了包装或改造。

因此，"好口才"其实都是来自"好用心"。至于那些懒得用心的人，在撞碎别人玻璃心的同时也被玻璃割得满身伤，这就实在怪不了人啦！

常用例句

- 你这样做让我……

当你想表达对他人意见的时候，不要评价他人的行为，而只叙述对自己的影响。用这样的句式不容易让人感觉到冒犯，因为你只是在表达自己的感受而已。

- 我认为你做得真的很好，只不过这件事情……

在否定事情的严重性之前，先单独表达对你要安慰、关心的对象的重视和肯定，这样就不容易让人觉得你名则关怀、实则漠然了。

- 你好，我有件事情想找你帮忙，事情是这样的……打扰了！

直接说你想求人的事情，将判断的权利留给对方，是最节省别人时间的方法。如果要表达礼貌，只需要在最后补上适当的礼貌用语即可。

承认自身情绪，引导他人情绪

很多人以为，沟通就是"讲道理"，其实能沟通的远远不止道理，情绪反而才是沟通时要处理的主要内容。又有人认为，所谓情绪沟通，就是要让自己或者他人的心情变好，其实没这么简单。情绪是我们性格的一部分，它没有所谓的"好"或"坏"。情绪沟通，也不是要强行压制一方推崇另一方，而是要在沟通中察觉到自己正处于什么样的情绪、勇于面对自己所处的情绪，并知道如何释放自己的情绪。

如何面对自己的情绪

‹ 误区 ›

有情绪？我否认！

人人都有情绪，也都有宣泄情绪的欲望和冲动。但很奇妙的是，在我们的传统教育中，却往往倾向于贬低"情绪"的价值。似乎"有情绪"就代表着不理性，所以是不应该的、低能的、缺乏自控力的表现，需要尽快被当事人克制或者摆脱。

而与之相对的则是我们推崇淡定，强调内敛，赞美喜怒不形于色，我们有太多形容词是专门赞美那些隐藏情绪的表现。

最典型的影响就是，直到今天，每当遇到小孩哭泣的时候，大人的反应依旧不外乎两种：一是"禁"，二是"哄"：

"不能哭，你是男生，不能随便哭哦！"

"乖，别哭别哭，好啦，没什么大不了的，别哭了……"

这两种反应，前者是要求小孩应该克制情绪；后者是要求小孩尽快摆脱情绪。但是这种克制和逃避的训练，往往只会让当事人在陷入情绪后，也同时对自己"有情绪"这个事实产生自厌心理。而努力压抑的结果，或者是莫名其妙的冷漠，或者是毫无征兆的爆发，这对人际关系的建构是极为不利的。

因此，与其说是情绪让人变得难以预测，倒不如说是因为缺乏面对情绪的沟通方式，才让人变得不可理喻。

很多人都以为，承认自己有情绪是一件丢脸的事情。然而，一旦我们否认自己处于情绪之中，甚至将别人问起"你是不是正在情绪中"的行为当成一种指控，则整个沟通过程就会因此掉进一个更大的旋涡。

比如在生活中，我们常会遇到这种对话：

"你别急，冷静一点！"

"我哪儿急了？我很冷静！你才急呢！你全家都急了！"

"你生气了吗？"

"我没有生气！"

"那你为什么不开心？"

"我没有不开心！"

"那你说你现在是怎么回事吗？"

"你管我是怎么回事！我就是没有生气、没有不开心！"

可见，面对情绪时，越否认，越深陷，就越是狠狠关上了所有可能的沟通大门。

〈 小诀窍 〉

情绪的反应要可预测

首先，一个正常人的情绪应该是有阶段的，从不生气、有点生气、很生气到生气爆了的这个过程，应该是像绿灯、黄灯、红灯一样循序渐进的。

相反，唯有那些惯于否认情绪的人，才会在忍无可忍的时候突然爆发，从绿灯一下跳到红灯，让旁人不知所措，也就是俗称的"翻脸像翻书一样"。

所以，情绪沟通的第一步就是察觉情绪、小幅释放、提前预告。

比如，别人跟你开玩笑，你觉得被冒犯了，你可以平静地地跟对方说：

> "这个笑话让我不太舒服哦，你们再这样说，我可要生气喽。"

这种说法就称为"预告"，意思是让大家知道你已经进入"黄灯区"，有点不开心了，请别再继续了。

但请注意，当你说出这句"你们再这样说，我可要生气喽"的时候，你有没有生气？还没有，对不对？所以，如果对方就此停止玩笑，你就应该能够恢复绿灯，当作没事，大家重新谈笑。

相反，那些不懂预告的人，面对玩笑总是一声不吭、忍了又忍，直到终于忍不住发出类似警告时，他其实已经生气了！情况则往往就会变成这样：

"这个笑话让我很不舒服，你们再这样说，我可要生气啦。"

"好，那……对不起嘛。"

"对不起有用吗？知道对不起你还说！"

你看，懂得察觉情绪、小幅度释放、提前预告的人，与他沟通就会是可预测的、可挽回的，因而也会让周遭人觉得跟他沟通是有意义的。

其次，处于情绪中的你，要勇于坦白说出自己的需要。

要知道，情绪不好需要体谅，和身体不好需要照顾一样，本质上都是一回事。但身体不好需要人照顾，你要直说，不能强行说自己很健康，指望别人发现你不对劲的时候再来关怀你。情绪不好也一样，明明是心情不好想让别人照顾，非要说自己没事，那就难怪会有矛盾了。

所以，千万不要把自己的情绪包装成别的东西，要直接说出来。别担心，其实人可以接受理性的需求，也可以接受非理性的需求，但是你如果想把非理性的需求包装成理性的需求，反而会有很多人接受不了。说白了，你讲道理，人家当然尊重；但是你明说你现在不想讲道理，人家也可以体谅；最讨厌的就是你明明不想讲道理，却非要包装成你是在讲道理的样子。

这个时候，你倒不如直说自己有情绪，说得越坦诚、需求越具体，对方就越会照顾我们的情绪。来看两个案例：

"我生气了，很不开心，你别回嘴，让我骂一下！"

这句话就是坦诚情绪，而且提出了非常明白的诉求："我要骂你一顿发泄一下"。对方会觉得你虽然发脾气，但后果可以预测，所以就算后面的话说得重了点，也不会太有心理负担。而且话已经说明白了，我没在讲道理，你要是还坚持和我讲道理，就是你不讲道理了。当然，如果你觉得这句话有撒娇的味道，只适合女生，我们还有一个适合男生的霸气版本：

> "我正在气头上，不想听什么大道理，就算是天大的事，也等我消了气再说！"

这句话是挑明了"不想听你解释"，所以就算我有什么地方错怪了、误会了，也先别来跟我分辩对错，请等我把情绪调整好了再说。此时，由于你的诉求明确，所以当对方知道"你不是不讲道理，只是现在不想讲道理"的时候，就能更放心地看待眼前的冲突。

总之，坦白说出自己的需要，会让其他人更能预测你的行为，从而不会产生排斥心理。双方明确了事情会走到哪一步，就可以和和气气地处理情绪问题，而不会真的伤了感情。毕竟谁都有需要情绪宣泄的时候，互相忍一下，其实也就过去了。

❮ 使用注意 ❯

看完本篇，或许有些人会觉得，哪有那么容易，这里头说的未免也太理想化了，毕竟很多时候，我想发泄情绪，但别人就是不让啊！

对此，你要知道，情绪沟通是要慢慢建立信任度的。如果你每次说出"我现在想发泄一下"后，大家只要配合，等你情绪过了，就能恢复正常，并对朋友之前的包容表示感激，那么久而久之，旁人就会相信你是个虽有情绪，但却能自控的人。

相反，如果你每次想发泄却又不说，或是说了却又不说明白，抑或是说明白了却又变来变去，那么久而久之，既然你的情绪反应不可预测，大家自然也就懒得配合。

常用句型

- 这个笑话一点都不好笑，再这样我可要生气啦。
- 我不开心，我需要听你说一些好话！
- 我现在正在气头上，不想听什么大道理，就算是天大的事也等我消了气再说！

妥善应对别人的情绪

怎样面对他人的暴怒

〈 误区 〉

不会合理引导别人

我们一生都在使出浑身解数避免和别人冲突，但是总会有那么几次，或许是人家心情不好，或许是自己的确有错，脏话和羞辱劈头盖脸地朝我们袭来。这样尴尬的经历每个人都难免要经历几次，那感觉一定刻骨铭心。尤其对于新入职场的年轻人，被老板或者上级当众批评，一定是大家共同的噩梦。

误区 1：挣扎

所谓挣扎，就是解释或反驳。人在被"喷"的时候，不论自己是对是错，都有想解释或回喷的冲动。但是，我们一定要知道，反抗只会引起战事升级，因为，在气头上的人本能就是反抗。所以，我们越挣扎，对方越急眼。原本对方可能只是挑个刺儿，因为我们挣扎，可能对方转眼间就开始攻击我们的能力甚至人格了。

误区 2：闭嘴

有些人教我们在面对他人的怒气时应该调整心态，做云淡风轻状，这种观点其实是在教我们回家后怎么处理自己的情绪，但却回避掉了最棘手的问题——现场怎么办？事实上，在现场像木头一样站着，一言不发而且不给出任何反馈，只会显得笨拙，甚至被理解为无言的抗议。

误区 3："你先冷静一下"

这句话不仅在职场沟通中是大忌，在感情沟通中也是个大杀器。叫对方先冷静一下，基本等于是在说，人家刚才的发言都是在情绪不稳定的情况下说的，都是废话，而这岂不是火上浇油？叫对方冷静，或者指出对方情绪不是太稳定，其实是在借由情绪来否定对方的指责，一定会引起对方更大的反弹。

❮ 小诀窍 ❯

隔离、同理与拦截

给自己做心理隔离

在与别人沟通之前，先要保证自己的状态。所谓给自己做心理隔离，就是自己跟自己进行理性对话，以达到心理隔离的状态。如果因为对方的暴怒，自己也开始生气，十有八九会让对方的愤怒升级。所以，我们应该通过分析，洞察对方真正的压力点，把自己跟情绪的旋涡隔离开来。

在职场中，每个人都有可能遇见难缠的客户。有些客户在会上就会对我们大发雷霆，客户的这种歇斯底里有时甚至让人觉得莫名其妙、十分生气。不过，专业的职场人士，却能够成功地将这种被动局面转为自己的主动战场。

比如，在客户喋喋不休的时候，你可以尝试着把全部注意力都用来寻找客户话语中的高频词汇，很快你就会发现这位发脾气的客户之所以情绪上涌的真实原因。很多时候，客户发脾气其实是醉翁之意不在酒，如果你发现在对方的话语里跟钱有关的词语经常出现，比如"项目不值这个价""我宁愿毁约也不会付款的"等，你就知道接下来应该怎么谈了。

通过这样的观察和思考过程，我们不仅能看到客户的真实诉求，更重要的是，我们能够把冲自己发火的客户当成实验室里的研究对象，至少先不让自己着急上火。用理性处理负面情绪，把自己的感性和负面情绪隔离开来，从而始终保持冷静。

这么做还有另外一个好处，就是在外人看来，这位职场人士居然可以在对方如此失控时显得如此专注。这就是"给自己做心理隔离"的优势。

使用同理心句型

同理心句型，就是通过重述对方的现状，来让对方知道我们可以看到并理解他的情绪，从而达到疏导情绪的目的。我们不是去肯定对方发脾气的内容，因为气头上的人是非理性的，很多说法未必代表他的真实所想。比如，当他大吼："你这个没用的家伙，不如去死吧！"你不可能一味附和"好啊好啊，去啊去啊"吧？我们需要简单重述让对方发火的事情，让他知道，他的愤怒是可以理解的。一位学员给我们讲过发生在他身上的一个故事。

> 一次，因为临时外派，他将给客户上传的资料委托给了另外一名同事，但是那位同事因故忘记。经理知道后很生气，对他发火说："你怎么能这样呢？这太不负责任啦。"这个时候，如果他说："啊？我已经交给××了，不关我事啊！""今天情况特殊，我委托的同事……"结果可想而知。这位学员真正应该说的是："是的，经理，你完全有理由对我生气，让客户能准时得到我们的产品是我的责任，也是公司的生命线，现在发生了这样的事情，你一定很失望，换作任何一个人都会很生气。"

在这里，其实这位学员并没有认错，他只是态度诚恳地用自己的话重述了一下引发经理生气的事情。面对一个愤怒的人，正确的姿态永远不是站在对立面，而应站在同一边。因为愤怒往往来自无助与无奈，所以，让发怒的人逐渐平息怒火，关键是让他多一个队友、少一个对手。

拦截人身攻击

一般来说，使用同理心句型疏导对方的情绪后，对方的怒气值应该能下降到无害的程度了；接下来，我们就可以借口寻找解决方案，退出风暴中心了。但是，如果对方还是不依不饶，甚至说些伤人至深的话，我们当然也不能坐等唾面自干，而是必须拦截对方的人身攻击。

愤怒的人会口不择言，一般情况下我们用心理隔离的方式避免卷入即可，但是有些话，我们不能选择听而不闻。比如涉及性别歧视、地域歧视、人格侮辱的话，哪怕是老板讲的，也是很不应该的。但是，回击会让战事升级，不回击又是对自己和别人的不公平，这时候，我们就应该拿出我们的拦截话术——"我有不同意见，不过这不是重点。"

对方说了很过火的话时，我们可以先皱皱眉头，向对方传递一个信号——你惹到我了；然后坚定、清晰且不卑不亢地说："关于这一点，我觉得你不应该这么说，不过这不是重点，我们还是来研究一下问题的解决方案吧。"

在这种情境中，你先是清晰地用身体语言传递出你的不快，然后再讲出自己的不同意见，并且没有透露出任何你为什么不同意的原因，从而避免了让对方怒气升级的缘由。最后，你用无可挑剔的态度，把对话导向了话题的重点，从而避免了对骂的可能，表现出自己的专业性。这里要注意的是，我们表达出的不快要注意限度，不能是那种受了伤的难过，毕竟，我们不能轻易让人知道什么话能伤到你。

对待恶劣的人身攻击，我们要拦截而不是回击。当然，这种方法并不是万能的，我们可能会遇到脾气恶劣又十分顽固的对手，怎样都不肯放过我们；我们也可能不小心把这种方法用到了错误的场景，从而被对方当成是在转移焦点。不过这不是重点，重点是我们了解到，即便在最紧张的对抗性对话里，我们也依然有好好说话的可能。

❮ 使用注意 ❯

在面对他人情绪宣泄的时候，自己的态度尤为重要。同样的内容、同样的语句，用不同的口吻说出来可能就会有不同的效果。所以，在面临羞辱的尴尬时，一定要把握好自己的语气、态度，切不可让别人产生误会。如果你让人家把冷静当作冷漠、把同理心当作嘲讽、把拦截当作示弱，那可就适得其反了。

常用句型

- 我很理解您，换作任何一个人恐怕都会生气。

  和他站在同一边，不要产生分歧。

- 我有不同意见（或"我觉得你不应该这么说，不过这不是重点"）。

  不卑不亢，将话题引入寻求解决方案。

蚂蚁搬大象式的道歉

‹ 误区 ›

这事和我没关系

人生在世，难免犯错，犯错之后当然要道歉。然而很多人不知道，道歉除了真诚之外，其实也非常需要技巧。

记不记得前一阵子柳岩那个伴娘风波？当时，包贝尔出来道歉了。但他的道歉效果如何呢？事实上，大多数网友对于当时那则道歉反应相当负面，普遍觉得包贝尔没诚意，因此在道歉之后，事件非但没有平息，反而引来了更多的指责。

包贝尔的道歉为什么不被接受呢？因为道歉时，有两个常见的误区，而这两条红线绝对不能踩。

第一条红线是试图淡化，说事情的结果并没有那么糟。比如在这则道歉中，包贝尔是这么说的："对不起大家，婚礼的小片段引起了这么大风波，只是一个玩笑不知道会闹这么大，这么多公关大号、营销大号同时指责我，让我觉得这个玩笑真的开得特别过分。"此时，也许他的重点是那句"对不起大家"，但所有人的注意力却都会放在那句"婚礼的小片段"或"只是一个玩笑"，认为他是在刻意轻描淡写，显得毫无诚意。

第二条红线是试图撇清，说自己要负的责任并没有那么大。比如对于那个把伴娘抛下水的玩笑，包贝尔的说法是："没有任何一个人想要伤害她们、给她们难堪，更没有不尊重她们……可是这些内容传到网上后却被误读扩散，并被贴上恶俗陋习的标签，被攻击、被谩骂！"

此时，也许包贝尔的动机确实只是想诉诉苦，吐露一点自己的委屈，但听在旁人耳中，却会觉得他是在强调："大家都搞错啦，其实我们没有欺负柳岩啊，事情之所以会搞成这样，都是因为大家的'误读'与'扩散'，都是因为大家给我贴了'标签'，才会害我被骂啊。"像这种道歉，只会让人越听越生气——明明是你在道歉，敢情原来你觉得这事其实是怪我喽？

或许你会问，道歉嘛，不是诚心诚意就够了吗？为什么还要花这么多心眼儿？请注意，道歉时，你所面对的本来是一群余怒未消且虎视眈眈的听众，所以只要在话语间稍不小心，踩到了上述两条红线，那么在别人的眼中，这就不是"道歉"，而是"辩解"，甚至是在指责大家不应该对你有那些负面的评价。这样一来，大家当然就会以最有敌意的方式解读，然后对你展开更加吹毛求疵的攻击。

❮ 小诀窍 ❯
蚂蚁搬大象

什么叫"蚂蚁搬大象"？就是在道歉的时候，你要尽可能地把责任往自己身上揽，甚至包揽到一个夸张的地步，这时候，那些原本带有敌意想要指责你的人，不但很难继续落井下石，甚至很有可能反过头来劝上你两句。为什么会这样呢？

你想象一下，有只小蚂蚁，想搬一头大象，搬不动，结果被人责怪。这时，如果蚂蚁说："这搬不动大象不是我的错，要怪，都要怪那大象太重了，不能怪我，而且，你换了别的蚂蚁，恐怕它也搬不动，为什么骂我？"

虽然老实讲，蚂蚁说得没错，但它这种态度，往往只会让人眉头一皱，觉得蚂蚁在推卸责任。但如果这时候，蚂蚁的说法是："对不起，搬不动这头大象全是我的错，全要怪我，都是我个人准备不足、努力不够，我会反省，我很愧疚。"

这时候大家一听会怎么反应？通常，大家反过来会安慰蚂蚁，说："哎呀，你怎么能这么说呢，你也不看看这头大象多么大，怎么可能是你一只蚂蚁能搬得动的呢？你太过苛责自己啦！即使要怪也不能全怪你，那些当初逼你去搬大象的人也要检讨才行啊！"

懂了吗？道歉的时候，你所背负的责任就是那头大象，而你自己就是那只搬大象的蚂蚁。此时，你要给人一种印象，就是你这只小蚂蚁，在很努力地想要背负起搬动大象的责任；同时，你本人居然也发自内心地觉得搬不动大象都是自己的错。这样反而会使别人觉得，搬不动真的不是你的错。

"蚂蚁搬大象"这一妙招，以前很多皇帝就很擅长。他们在遇到天灾的时候，常会下一道诏书，表示所有的问题都是我皇帝一个人造成的，所有的罪与责任都在我身上，这就是所谓的"罪己诏"。这种"罪己诏"，其实就是典型的"蚂蚁搬大象"式的道歉。例如，汉安帝永初三年三月，史书上说"京师大饥"（就是大饥荒）、"民相食"（就是饿到要人吃人了），然后，皇帝下诏这样说：

> "朕以幼冲，奉承洪业。"——意思是，我很小就当皇帝了。
> "不能宣流风化，而感逆阴阳，至令百姓饥荒。"——意思是，我的罪就在于不能感动天地，实在抱歉，因此造成了饥荒。

此时，身为百姓，你还能怪皇上吗？结果往往就是"四方人心大悦，士卒皆感泣"——大家都感动到哭了。

所以，如果你是包贝尔，道歉的时候该怎么说呢？以下做个示范：

> 各位，这次婚礼上的风波，完完全全都要怪我。因为我是当主人的，现场的气氛都是我带动的。你们要知道，那些伴郎，像韩庚他们，其实平常都是很斯文、很尊重女性的好男人，却因为我这个主人，在自己的婚礼上，开心到得意忘形，冲昏了头，而他们为了不扫主人的兴致，才配合玩了一个太过夸张、太过侮辱人的游戏。
> 对此，我没有任何借口，因为无论在任何情况下，身为新郎，在婚礼上都有绝对的责任去保护所有热情赶来祝贺的亲朋好友。但我失职了、犯错了，我很抱歉。希望大家以我为戒，好让类似的错误永远不再发生。

这种道歉，就叫"蚂蚁搬大象"。

❮ 使用注意 ❯

这招的适用范围，主要是日常生活中那些比较模糊的责任地带，而且是为了平息对方的怒火才使用的。如果是在明确追责，并且对方怎样都不会放过你的场景，比如车祸现场，当然不能主动把责任揽到自己身上。

常用句型

- 这件事情完全是我的错，我是……我应该……
- 都怪我，都怪我，我有责任……但我没有做到。

所谓"自我沟通"，就是自己与自己对话的过程，常被用来明确、建立或者强化自己的想法与观念。在卡通或漫画中，我们常看到这样的场景：主人公犹豫不决的时候，肩膀上会站着一个小天使和小恶魔，劝他该做或不该做什么事；而在《哈姆雷特》中，那句著名的台词——"to be or not to be"，也是最典型的自我沟通场景。

自我沟通看起来只是喃喃自语，其实需要很强的自我接纳、自我发现以及与自我达成和解的技巧。善于自我沟通的人，总是自信、幽默、受人欢迎的。

用自嘲与自谦进行自我保护

〈 误区 〉
掩盖弱点而非正视它

很多人都在努力让自己变得完美——工作中兢兢业业；生活中谨小慎微；遭遇不同意见时，只是因为害怕被证明自己是错的，宁愿把话往肚子里咽，也不愿当面讲清楚；遇到不明白的事情，宁愿熬夜上网查资料，也不愿当面问一句，以免让人知道自己的无知。明知道这样做太累，还是没有勇气释放真实的自己。

所以，我们该如何面对真实的、有弱点的自己，并与这个不完美的自己相处，是自我沟通中的重要问题。

很多人面对弱点的第一反应是掩盖，不让他人察觉，觉得唯有展现出自己完美、优秀的一面才能更好地应对敌人的攻击、赢取队友的信任。

其实，如此掩盖自身的弱点有两大风险：

第一，暴露弱点后的心理成本会变得特别高。比如，下功夫维持形象，却被别人戳到软肋，就很容易原地爆炸。

第二，会让别人越来越好奇我们真实的弱点。因为越是遮遮掩掩的东西，大家就越会挖空心思去揣测。

所以，学会与自己沟通，首先要学会如何与自己的弱点相处。

❮ 小诀窍 ❯

主动暴露弱点会让你战无不胜

通过自嘲让敌人无攻击之门

用自嘲的方法说出自己的弱点，会让敌人再也无法用嘲弄我们弱点的方式来攻击我们。在奇幻小说《冰与火之歌》中，小恶魔有一句名言："把你的弱点当作你的铠甲。"也就是说，一旦我们接纳了自己的弱点，就没有人可以再以此来伤害我们了。说件真事儿：

> 邱晨有个朋友，在20世纪90年代的时候就是一名著名的IT（信息技术）行业从业者，但是，20年过去了，他的头衔依旧是"著名IT行业从业者"。他办过网站，开过公司，做过手机应用软件，都不算成功。现在他已经40多岁了。当他依然不甘寂寞地活跃在创业圈时，流言蜚语也朝他袭来。有人说他骗投资人的钱，把自己捧红，却把公司办砸了；有人说他的能力言过其实，配不上他

在圈内的名声；还有人给他贴了个标签——"连续创业失败者"。

要换别人，早就意志消沉了，不过这位朋友擅长自嘲，也不害怕被贴标签。有一次他获邀参加一个创业者论坛，干脆把自己的演讲标题定成了《连续创业失败者》。演讲中，他没有愤懑地反驳那些对他的嘲弄，而是说："我想主办方之所以邀请我，一定是因为像我这样能够巧妙地避开了一切成功的可能，也是一件挺难得的事情。所以，不像其他人都是来分享成功经验的，我就是来跟大家分享如何可以避开失败的陷阱。"

这样一来，他不仅通过自嘲把弱点变成铠甲，让想要借此嘲笑他的人从此都失去了着力点，还通过分享，把弱点变成了卖点，一下子逆转了败局。这就是自嘲的力量。

通过自谦取得他人的信任

在私人空间里适当暴露自己的弱点，可以很容易地与身边的人建立信任。很多人都有一个误区，就是以为自己一定要足够优秀，才能和优秀的人做朋友。但其实人性比我们想象得要暗黑那么一点点——我们可以先回想一下自己的经历，我们虽然想和优秀的人交往，但我们是不是更愿意与那些没我们优秀的人来往呢？心理学家就指出，当我们"比下有余"的时候更容易感到安全，更容易增强对自我价值的认同。

在职场，特别是吸纳了很多名牌大学毕业生的公司，总会发现每年新来的员工都在铆足劲儿地明争暗斗，有的吹嘘自己的名校经历，有的暗示自己的文学素养。但是在某公司，有这样一个新人，从来不参与这种"自吹自擂"的活动，平时他最常跟同事和前辈说的就是："我一个野鸡大学的毕业生，在这里就是来打杂的。"而且他聊天的时候也喜欢说自己的糗事儿，比如，"我今天真是倒了血霉了，一路小跑冲进地铁站，却眼瞅着地铁门就在我面前关上。"

结果，所有同事都跟这位新人关系最好，有工作安排优先考虑他。在其他人眼里，就算他没做好，批评他时也没有心理负担，甚至有心里话也愿意跟他说，因为他看上去更能理解别人的不如意。就连公司老板也跟他渐渐有了不错的私交，说他"接地气儿，有人味儿"。

所以，适当地把自己的弱点交到对方手上，可以拉近对方与我们的心理距离。而一个有弱点的形象，也更容易让他人觉得这个人更真实、可掌握，反而容易投注更大的信任。

这就是自谦的力量。

❮ 使用注意 ❯

面对敌人的时候，应当用自嘲的方式提及对方已经知晓且可能会被攻击的弱点，而不必将所有弱点和盘托出，给对方更大的攻击空间。

争取他人信任时，应该多暴露自己无关紧要的弱点。例如职场工作中，你可以大谈自己毕业学校不好，但是直接涉及工作能力的弱点最好还是尽少展现并尽可能改正。

常用句型

- 我在这方面确实不太行，以后还请您多多指教。

让对方觉得他在某方面比你强，会让他感觉到更安全，反倒更容易与你亲近。

掌握幽默的正确法门

‹ 误区 ›

将讲笑话等同于幽默感

你身边是否也有这样的朋友，在与他们相处的过程中总是感觉很舒服、愉快，他们常常自嘲、自黑，开很有趣的玩笑，即便面对尴尬场景，也可以通过自身带有的幽默属性将尴尬化解于无形。

可当我们想要学习、模仿时，却往往找不到门道，开的玩笑要么不好笑，要么招致别人反感；面对尴尬场景时，明明自嘲、自黑的招数统统用尽，却使得场面更加尴尬。该怎么掌握幽默这门技能，让你与他人的相处变得更轻松、更有趣？这是需要我们思考的问题。

很多人觉得，幽默感不就是会讲笑话吗？我常备着几个笑话，需要的时候讲出来就好了啊！可是渐渐地你就会发现，有些笑话对这群人讲效果很好，对另外的人讲可能就起不到那么好的作用了。而且，即便你憋足了劲儿讲出来的笑话能够得到大家的认可，平常的时候却依然让人感到无趣乏味，那你这笑话不就白讲了吗？

真正有幽默感的人从来不用刻意去讲笑话，他们好像随时随地都可以根据当时的情景创造笑料，让大家觉得有趣。总之，幽默感是一种营造氛围的能力，把它当作简单的"讲笑话"，是一个很大的误读。

⟨ 小诀窍 ⟩

营造氛围，避免误伤

幽默感的体现，是在日常交流场景中对氛围的营造，包括说话内容、说话语气甚至是开玩笑自嘲的角度等多个方面。

内容上，错位反差是关键

所有幽默的机理都是利用"反差"和"错位"，刻意制造不协调，打破常规修辞学上语言或逻辑的规则，制造一个"期待突然扑空"的心理落差。

修辞学上制造错位的手段有很多，如转移、岔断、反语、拟人等，这些名词听起来既拗口又难懂，所以为了方便理解，我们可以把它们粗糙地概括成：把各种可能的维度都反着说。这里有一个很巧妙地用幽默化解尴尬的例子：

> 阿姆斯特朗登月时，其实还有一个小伙伴——奥德伦，但因为阿姆斯特朗先迈出登月舱，于是变成了登月第一人。他们回来的时候，想要挑事儿的记者问奥德伦："阿姆斯特朗抢先出舱门，创造了历史，你会不会嫉恨他呢？"
>
> 当时场面一下子就变得很尴尬，连在场的阿姆斯特朗脸上都有点挂不住，但奥德伦却说："可是回地球的时候，第一个出舱的可是我啊，我可是从外星球回来、踏上地球的第一人。"

明明舆论关注的是登月第一步，他反向说成是登月归来第一步；明明是本该遗憾的，偏偏说成是值得骄傲的。这是一个将事件角度和自我评价都反着说的绝好例证。

语气上，避免先笑破梗

要想制造幽默氛围，只是内容上制造笑梗还不够，还需要语气上的配合。我们身边是不是都有这种朋友，他想讲个笑话，然后自己笑到讲不下去，喘着气把笑话讲完，大家的反应往往是："有这么好笑吗？"就算把大伙儿逗乐了，笑的也不是笑话本身，而是在笑那个上气不接下气的讲笑话者。但如果我们一直一本正经，又很可能造成误会，别人不知道我们是真高冷还是在开玩笑。

所以，讲笑话者在包袱抖出来之前不能笑，之前笑，要么容易给人造成太高期待，要么容易自己笑得花枝乱颤最后破梗；在抖包袱的时候也不能笑，而是要配上相应的表情包，或正经，或高冷，或嘲讽，或骄傲；包袱抖完了，再一起真诚地笑。

角度上，避免误伤很重要

有时候你自嘲也自嘲了、玩笑也开了，怎么围观群众就是笑不出来呢？除了笑梗的质量和演绎的方式有问题之外，问题可能出在：看似自嘲的同时还误伤了旁人。

例如，收入不错的公司中层因为要还房贷而自嘲说："哎，每个月这么点收入，一大半捐给了房子，到月底就要吃土了。"这时，旁边收入比他低很多、还在租房住的实习生自然会觉得很不舒服，感觉被伤害到了。

所以，选择合适的自嘲特点很重要，有比你老的人在场，就别拿年纪自嘲；有比你胖的人在场，就别拿体重自嘲；有比你还笨的人在场，就别选智商来自嘲。说话之道，也是为人之道。

❮ 使用注意 ❯

对于幽默感而言，技巧归技巧，心态上还是要放轻松。无论自嘲还是开玩笑，别有过多的心理负担。有时，"玩笑一定要很好笑"这种想法，反而会成为我们自嘲的负担。我们要记住，幽默感——有，是锦上添花；没有，也无伤大雅。

03.

说 服

将观点植入对方心中

对许多人来说，说服就是一种用语言改变他人想法的过程。这种神奇的刻板印象，往往让人们对于说服这件事既畏惧又羡慕。

说服并不是什么如洗脑般的超能力，而是一门跨领域的学科，其核心主题无非有两方面：一是人如何形成看法；二是人又为什么会改变看法。

前者，使得整个学习说服的过程，几乎等同于一个自省的过程；后者，则让我们在说服中，不只知道了要如何改变别人，更重要的是让我们不害怕改变自己。

毕竟，人不是只有改变了主张才叫改变；当你既有的信念加深了，当原本抗拒的事物变得没那么讨厌了，其实也都是一种改变。

能改变、被改变，是必然；不变，才是偶然。

很多人以为，说服是找出一种说法，好让你"照着我的话做"。但事实上，一切的说服都只是为了找到一个切入点，好让对方能从中为自己找出一个去做的理由。

所以，当我们要说服别人的时候，第一步就是要意识到，每个人都必须拥有对自己行为的选择权，确保它，并且善用它。

用提问引导对方思路

〈 误区 〉

动不动就说教

日常生活中，我们有很多时候都希望能劝身边的人改掉一些坏习惯，比如，子女为了父亲的身体健康，想劝他戒烟；女朋友为了伴侣事业着想，想让他收敛一下坏脾气；老妈担心儿子的课业，希望他少打点电玩……但正所谓江山易改、本性难移，人们养成的坏习惯其来有自，旁人苦口婆心往往徒劳无功。这时候一不小心，对话就会进入说教模式。

就好比某次闲聊时，你听到朋友抱怨自己长胖了，于是你们展开了对话：

> "唉，我最近又胖了，好羡慕你的身材，能锻炼得这么好。"
> "是啊，你为什么不跟我一样，花点时间去慢跑，运动一下呢？"

"我也知道，但工作太忙，实在没时间……"

"我觉得还好吧？你真的有那么忙吗，连每天半小时都抽不出来？"

"啧，你哪里知道我们这种加班狗的苦。而且就算有时候早点下班，也是精疲力竭，哪有心情慢跑啊……"

"那为什么不试试晨跑呢，早起半小时，跑完精神会更好喔。"

"但我体力不行，跑没多久，就会很累……"

"放心，体力是练出来的，只要持之以恒，就会越跑越轻松。"

"算了吧，我从没慢跑过，连双合适的鞋子都没有……"

"那小事，我带你去买一双，如何？咱们明天下午就去商场挑。"

"唔，我看下次吧……"

上面这段对话，有没有觉得很熟悉？其实，这就是最典型的说教场景。说教方喜欢用"为什么你不如何如何"的方式，督促你去做某件事；然而被说教的那一方，则不断丢出"因为我有什么什么原因"当借口，拒绝做出改变。

这个过程，难免会让说教者觉得气恼——难道你真的不希望自己变得健康一点吗？难道你不相信运动有益健康？你为什么会一直处在这种抗拒状态呢？

其实真正的问题是出在说教者的说话方式上。

要知道，当我们一直问别人"你为什么不如何如何"的时候，就会很自然地让对方的思考偏向于为他不做这件事找出一个理由。

而接下来，你为了劝导对方，又不得不将他自己所提出的理由——推翻，这个过程很容易会引发对方的反感，让对方觉得"你又不懂我的情况，少说这种风凉话"。

毕竟，谁都不喜欢被否定，而为自己所提出的理由辩护更是人类的天性。

于是这么一来二去，那位原本你想劝他去做运动的朋友，在一连串的说教下，此刻只会满脑子充斥着"为什么我不能去慢跑"的理由，且在与你的争论过程中（即便只是温和的争论），不断坚定着自己的想法。

〈 小诀窍 〉

反向提问

那么，要怎样劝导才有效呢？

关键在于，我们要改变提问的方向，来引导对方从"为什么我不能"转变为"为什么我想要"。

让我们再看一次前面的例子：

"唉，我最近又胖了，好羡慕你的身材，能锻炼得这么好。"

"咦，奇怪了，你看起来不是那种会注意身材的人，为什么会对运动感兴趣呢？"

"我也希望自己能瘦一点啊……"

"胖就胖嘛，有什么不好呢？"

"可是瘦一点的话，我穿起衣服来就能更有自信一点……"

"何必在意呢？反正我们又不会嘲笑你。"

"不是别人会不会嘲笑的问题，而是自己看自己也不开心啊……"

"那么，你打算怎么做呢？"

有没有发现，换一种说法，这段谈话的方向就跟之前说教式的对话变得很不一样？

因为在这段对话中，劝导者一直在做的是不断问对方"为什么你会想要"，而每问一次，听者的脑中就会思考一次"因为我要如何如何"的理由。这样的理由，就像埋下一颗种子，而且会随着劝导者的每一次反驳（胖就胖嘛，有什么不好呢）逐步加温，变得越来越深（自己看自己也不开心啊）。

毕竟，还记得吗？谁都不喜欢被否定，而为自己所提出的理由辩护更是人类的天性。

于是，随着理由与信念渐渐被强化，最后，劝导者只要问一声"那么，你打算怎么做呢"，就很有可能将改变从念头激励为行动。

此时，如果这位朋友开始谈买跑步鞋的计划，或者说出决定跑步的时间，那我们当然可以很开心地表达支持。但除非他主动提问，否则此时切记别用过度的关怀让他感受到压力，因为这种行为只会重新激起对方对跑步的抗拒心理，那就前功尽弃了。

同时，这套提问方法，不只可以用于劝导别人，也能够用在自我激励上。因为许多时候，当我们在自我对话的过程中，如果不断问自己"为什么我做不到"，那么我们就等于是在鼓励自己生产出大量"做不到"的理由。

由此可知，自我检讨和自我激励其实存在着一定程度的矛盾。我们对自我的缺点检讨得越多，其实也就等于是在合理化它存在的理由。

比如，许多得了拖延症的人，总是在检讨自己：我为什么做事情老是在拖？相信我，只要你孜孜不倦地问下去，这些拖延症人群到最后，一定能从自己的生活中或个性中，找到自己不得不拖延的原因，比如：

"为什么我每次都把工作拖到最后一刻呢？"

"为什么我就不能像别人一样，按部就班，把工作照着时间表好好做完呢？"

"难道，只是因为我很懒吗？"

"啊，其实我觉得，这都是因为我本来就自在惯了。"

"其实我这个人对生活的向往，本来就是不喜欢拘束与压力。"

"其实我这个人就是艺术家个性，所以就不是那种被行程表逼得到处跑的人。"

"其实我这个人的工作需要的是创意，越到截止期限越能激发灵感。"

……

当你内心中已经产生了这一连串对话时，那么很遗憾，你这个毛病基本上越检讨越难改。

所以，如果真想改变自己的坏毛病，就别问"我为什么做事情老是在拖"，而是要去问"为什么这件事我会不想拖延"。换一种问法，就能让自己的想法产生不同的路径。

❮ 使用说明 ❯

说服，不是一蹴而成的事情，尤其是在针对某些成见已深的对象时，不要觉得我讲了半天，你还是没有那样做，就是失败了。事实上，说服是一个程度上的改变，只要对方的想法从"很讨厌"到"没那么讨厌"，甚至是在思考"你说得也有一定道理"的时候，其实说服就已经开始成功了。

常用句型

● 你曾经有一点点想要那么做吗？

通过反向提问，引导对方的思考方向。例如，当你想要劝他人戒烟的时候，就问他是否曾经想过要戒烟，理由是什么，从而唤起他自身为"戒烟"这件事寻找理由。

● 咦，你居然会想过要这么做，我很好奇，原因是什么？

用提问引导对方强化某个信念，同时用"我很好奇"这类中立的表述消除对方的戒心。

有策略地请人帮忙

〈 情景 〉

我有困难，该怎么开口

一则新闻报道：

四川有个老太太，80多岁了，坐动车到成都看病，但因为她的坐票没有买到终点站，所以在途中就被座位的主人请了起来。老人家的女儿请对方让个座，却遭到拒绝，因而感叹：年轻人真是缺乏爱心。

但座位的主人却委屈地认为："坐自己花钱买来的位置，难道错了吗？"

这样的事件，早已不是第一次发生，社会对于那些动辄采用道德绑架、强逼他人做好事的人，也越来越不能忍受。

但与此同时我们也得承认，出门在外总是有需要他人帮助的时候。那在遇到类似情况时，究竟该怎么说，才能让别人更愿意让座给我们呢？

❮ 小诀窍 ❯
要以对方为出发点

诉求要具体

要知道，社会上每个人其实大多是愿意做好事的，但关键是我们必须要让他们具体地感受到，这件好事做与不做有什么差别，以那则新闻报道为例，我们比较一下这两种说法：

> "抱歉，我母亲年纪大了，可以让个座吗？"
>
> "抱歉，我母亲年纪大了，这一路实在站不住，如果没人愿意让座，她最后就只能坐地上了。"

比较之后有没有感觉出，这两种说法是很不一样的。跟前一种说法相比，第二种说法更具体地强调了对方让座与不让座的区别，也更能激发出行善者脑中的画面感。

我们每个人都会希望自己的付出是为了某个看得见的改变。因此，请人做好事的时候，我们不能只盯着自己的需要，而必须让对方知道，自己小小的一个行为将会为他人减轻多少痛苦、增加多少快乐。

比如当我们要加薪的时候，不能只说："老板，请给我加薪，因为我很需要钱。"而是必须要让老板知道,这笔钱对我们来说会造成什么样的影响。或许,这笔钱能让我们买辆车,不用再挤公交上班;或许,这笔钱能让我们每年有机会带着家人出去旅游一趟,从而对公司更加死心塌地。所以第一步,我们必须要让对方知道,对方的行为具体能给我们带来什么改变。

善意要扩大

每个人在做好事的时候,最担心的就是不知道自己的善良会不会被别人利用,所以我们要努力让对方相信——他的善意是不会被糟蹋的。

还是比较以下两种说法:

> "抱歉,我母亲年纪大了,可以让个座吗?"

> "抱歉,我母亲年纪大了,如果您愿意让座,我会非常感激,而且我保证,您的好心不会白费,下次要是让我遇到其他有需要的人,我也一定会像您一样伸出援手!"

我们可以感受到,跟前一种说法相比,第二种说法凸显的是我们对于这种善行的珍惜,强调对方的善意不但不会被我们所辜负,我们甚至还会愿意继续传递,好让对方的付出变得更有意义。因为在现实中,我们常会觉得自己所做的好事,在这大千世间、茫茫人海中只是昙花一现,根本没有价值,这才是使得人们往往不太愿意做好事的真正原因。

当然,这个方法绝对不是要我们去骗人,因为我们都希望,所有接受过别人帮助的人都能将这份感激化作对社会上其他人的善行。而这里强调的则是我们应该把自己心中的这种转变说出来,好让对方觉得他的付出没有白费。

让对方有选择

前两点你做得再好，只要这一点不过关，也不会有好结果。在整个过程中，我们一定要让对方很清楚地感觉到自己是有选择的。毕竟，没有人会喜欢被迫做决定。事实上，无论某个决定有多正确，只要当我们感觉自己是不得不做这个决定的时候，头脑中就会不由自主地产生种种抗拒的念头，甚至会妨碍我们做出正常的判断。相反，当我们发现在做决定时，主动权是牢牢掌握在自己手上，那么我们就会觉得安心，并自觉地放松戒备，开始认真思考各种选项的可能性。

我们可以比较以下这两种说法：

> "抱歉，我母亲年纪大了，可以让个座吗？拜托拜托，求求你，无论如何，一定要帮帮忙。"

> "抱歉，我母亲年纪大了，可以让个座吗？当然，这是个不情之请，毕竟是您的座位，让不让由您决定。"

跟前一种说法相比，第二种说法尊重了对方的选择权，而这往往才是最有说服力的请求方式。

〈 使用注意 〉

在类似这样的社会热点中，人们关注的焦点往往集中在分辨谁对谁错、孰是孰非上。但抛开对错是非，真正的问题应该在于这个社会上有许多人总是喜欢把善良的请求变成道德的指控。毕竟我们每个人都会有需要别人帮助的时刻，而一个社会也必然是在互相帮助的情况下才能变得更美好。

朋友犯浑怎么劝

《 误区 》

不该理性时，偏要讲理性

朋友之间，互相帮忙是必需的，可有时，朋友明明准备做一件蠢事，问我们支不支持，那就有点尴尬了。我们肯定不能把朋友往火坑里推，但又怕朋友觉得我们不仗义，怎么办呢？

很多人面对这种情况会面临以下几个误区：

误区1：追问原因

很多人觉得，既然说了是蠢事，肯定就是没理由的，所以问问"为什么"，朋友不就冷静下来了吗？

事实上，在气头上的人是一种特别奇怪的动物，说他聪明，其实是气迷心窍；说他笨，他能为自己找无数理由。若问他"为什么"，就相当于给他做了个球让他打，他肯定能说出一大堆理由，这时候你再不帮忙就显得更不是东西了。就算你能反驳掉他的一个个理由，到最后他很可能就撂下一句："不为什么，我就是咽不下这口气！你就说你帮不帮我吧，别废话！"很明显，这不但费力不讨好，还会让沟通进入死胡同。

误区2：独善其身

有时候，我们明知道朋友就是在气头上想发泄一通，也想帮他消气，可如果帮忙的方式依然秉持理性原则，结果就是不仅没效果，还很可能会让朋友更加愤怒。

例如，当你的闺密让你陪骂的时候，你优雅端庄、义正词严地劝：

"哎呀，她也不是什么坏人，这次得罪了你估计也不是成心，不然你消消气？"你觉得你朋友听了会怎么想？"好嘛，她不是成心，敢情意思是我气量小喽？好，你护着她，我自己一个人去！"

最后的结果是，你看似理性客观、啥话都没说错，可事情就奔着糟糕去了。

误区 3：拼命拦阻

当我们一切方法都用尽了的时候，往往剩下的最后一招就是"我死活不让你去"！然而，你的朋友毕竟不是可以被关在箱子里的神奇动物，你奋力拦截，不仅最终拦不住，还很可能在过程中激发他的逆反心理：你们都不让我去？好，我就去做给你们看！

〈 小诀窍 〉
疏导式劝阻技巧

不要问"为什么"，要问"怎么了"

这两句话看似相近，但其实有非常重要的区别。前者，是在质问朋友这么做的原因；后者，却是在询问事情发生的缘由，换言之，是在邀请朋友来向你倾诉遭遇的委屈。

所以，当我们把"为什么"换成"怎么了"，最坏的情况他也不可能说"不怎么，我就是想这么干"吧？如果真这么说，那他就是真疯了。而更可能发生的情况是，他会开始跟我们具体说说到底是"怎么了"。这个时候你就会发现，问题已经从"我想做什么"变成了"我的感觉是什么样的"，而只要他能详细地说出自己的感觉，他就会慢慢觉得，做蠢事的真正动机说白了就是置口气而已。

引导情绪宣泄，你要比你朋友更狠

既然朋友所做的蠢事就是置口气，那么接下来我们就得帮助朋友出这口气。但是出这口气不是让我们跟着他出去打架，而是发泄情绪。

很多教科书都告诉我们如何发泄情绪，比如要学会聆听。聆听当然是需要的，但是不能只是听，因为气头上的人最讨厌的是得不到回应，最希望的是有人跟他同仇敌忾。这个时候，需要的是有人跟他一起骂，最好比他还生气、比他还具体、比他还刻薄。

这可不只是女生的专利，男生也一样。很多江湖大哥遇到朋友来诉苦，第一句话肯定是："敢欺负我兄弟，不想活了！"最后人家还不是活得好好的？关键是这个气势让朋友觉得很舒服。

事实上，当你骂得比你朋友更狠的时候，他才可能会冷静下来——

> "他居然敢这么对你，真是太过分了！"
>
> "就是的！"
>
> "简直是猪狗不如！"
>
> "啊……那倒好像也不至于……"

与其一味阻拦，不如把计划落到实处

可能有人会说，这样帮朋友出气很危险啊，万一发泄得激动了、兴奋了，真去干蠢事了呢？现在你还要教他"把计划落到实处"，这不是教唆犯罪吗？当然不是。

绝大多数的傻事都是一时冲动干出来的，而要避免一时冲动，帮着他煞有介事地"精心策划"，其实是最好的办法。比如，打架都是头脑一热，可是你真要仔细想些实打实的问题，诸如：在哪儿打？带几个人？怎么约出来？对方会带几个人？打完之后医药费谁出？对方报警怎么

办？日后报复怎么办？留下案底怎么办？过火出事怎么办？这些问题认真想一轮，我们的脑子也就冷静下来了。

这就像是看动作片，里面打得热闹，看电影的人也觉得很爽，可回头仔细一想：歹徒哪来那么多枪？凭什么主角总是不受伤？怎么会挨了打好得那么快？当我们把细节落到实处，其实是一件很泄气的事。再冲动的人，只要事先脑子里过一遍，也就不那么容易做蠢事了。

‹ 使用注意 ›

朋友想干蠢事，拦一下是我们的义务。有人可能会问，如果这三步都做了，朋友还是要干蠢事呢？说真的，朋友之间都是独立的个人，劝诫也是有限度的，不管多好的关系，都不要被别人的蠢事绑定。如果对方还是不依不饶，指着我们问"是不是朋友"，那我们完全可以说："对不起，我永远都拿你当朋友，但是你非要强人所难、陷我于不义，那就是没拿我当朋友了。"

说到这一步，也许有点沉重，但是我们是要好好说话，不是要做好好先生，任何技巧都是为原则服务的。

常用句型

● 这到底是怎么了？是谁得罪了我家哥哥（姐姐、妹妹）？

先询问事情经过，让朋友在倾诉中冷静下来；表达同仇敌忾的姿态，消除他的抗拒情绪。

●！#￥%……&*

帮助发泄情绪嘛，当然是怎么狠怎么来。这里各地方言特色不一，就不具体举例了。

●去，当然要去！来来来，让我们好好合计合计……

顺水推舟，将计就计，让朋友在"计划"筹备过程中从犯浑的状态里清醒过来。

所有的说服都有一个基本的道理——不要一直强调我需要什么，而是要想办法找出对方需要什么。甚至有时候，为了要达成这个目的，我们在真的找不出对方需求的时候，还要想办法为对方创造一个需求。

而最常见的需求往往都是来自最基本的安全、舒适与自我实现。

如何说通年纪大、地位高的人

‹ 误区 ›

试图输出价值观

生活中我们会发现，人年纪越大、地位越高，往往就越保守。我们的父母、老师、领导，基本上都会觉得年轻人的想法太激进、不靠谱；而这些人又掌握着话语权。于是问题就来了：计划书能不能通过、想法能不能得到赏识、冬天能不能不穿秋裤……往往都是这些人说了算。

我们跟他们争吧，他们是长辈；不争吧，活活憋死自己。那么，我们就要想一些办法，能够让他们认同我们的观点。

很多人都会觉得，长辈之所以不同意自己的观点或者方案，是因为价值观的差别，因此他们会试图向长辈解释自己这么想是对的。例如，冷一点其实没什么，但是穿秋裤显得胖不好看，对我来说好看比较重要。类似的情况也出现在公司的上下级之间。但其实领导也是从基层做起的，父母也经历过年轻的时候，他们又怎么会不懂呢？他们完全知道我们的价值观，只是他们现在不认同而已，因此，输出价值观其实是没有意义的。

〈 小诀窍 〉

用对方的视角看问题

找到长辈能听进去的理由

不管是长辈还是领导，之所以听不进去我们的理由，主要是因为他们与我们看问题的角度不一样。我们暂且先用公司领导和员工来举例。

比如，员工做具体工作，专注于技术问题的解决；领导负责全局统筹，专注于宏观态势的把握。看问题的层次不同，做决策的时候优先级就会不一样，即一个看重于把事做成，一个看重于别出乱子。这才是领导之所以比较保守的根本原因。

一般情况下，领导能够明白员工为什么这么想，员工却很难知道领导真正关心的是什么。如果我们不试着从一个更高的层面去理解，只知道掰扯自己的道理，就算领导驳不倒我们，我们的沟通也一定是无效的。这就需要把我们的道理用领导层次的视角转换一个说法，让他能听得进去。

比如，《西游记》里"三打白骨精"的故事大家都熟悉，可是我们有没有想过，唐僧为什么死活听不进孙悟空的意见呢？表面上看，他是不相信孙悟空的专业水平，其实真正的原因是他们想问题的方向不同。

孙悟空的角色相当于我们现在的专业技术人员，只负责降妖除怪、保护师父，见妖怪就打很正常；可是唐僧是什么人？他是十世修行的金蝉子，轮回过那么多次了，安全问题真的不是他的第一考虑。唐僧当然知道孙悟空是专家，然而问题是，万一孙悟空错了呢？唐僧的十世修行就会付诸东流。被妖怪吃了不要紧，大不了再轮回一次；可是万一错杀无辜，取经这事就算彻底泡汤了。所以，唐僧的真实关切绝不是孙悟空站在自己那个层面就能理解的。

如果我们是孙悟空，又要打死白骨精，又要顾及师父的面子，该怎么办呢？我们就应该站在唐僧的高度来分析里面的利害关系。比如，孙悟空可以这样说："师父，我知道您是怕我万一看得不准就会滥杀无辜。可是您也要想想，万一我们被外表迷惑错放走了妖精，受苦的可是周围的老百姓啊。多少生灵涂炭可都要算在我们头上，到时候在佛祖面前如何交代啊！"这就相当于是一个员工，从领导真正关心的问题着手去提出自己的诉求。就算这时候唐僧还是犹豫，至少也不会念紧箍咒了。这才是真正意义上的有效说服。

当然，领导不一定像唐僧那么唠叨，他的考虑也不一定像唐僧那么高大上，但是道理是一样的，就是上下级想问题的角度不同。领导想问题跟我们的优先级是不一样的，我们得跳出自己的专业局限，才能找到他听得进去的理由。

找到对方感同身受的痛点

找到对方感同身受的痛点是什么意思？先说个冷知识。

据调查统计，面对重大疾病选择治疗方案的时候，与普遍人相比，医生这个群体往往会选择比较激进、风险比较大，但是如果实施成功，效果会比较好的方案。为什么呢？因为医生见过的病人多了，完全知道生病有多痛苦，所以他们宁愿选择一个要么快点死、要么好好活的方案，也不愿意接受拖一天是一天、持续处于痛苦之中的保守治疗。而作为普通人，因为这种大病之前也没得过，没有切肤之痛，所以往往不太敢选择激进的方案，自然比较倾向于保守的治疗。

可见，很多人之所以保守，之所以觉得还能忍，是因为不知道有多痛。作为领导，年纪比我们大，地位比我们高，我们的很多痛点他是没感觉的。就像我们在烈日下骑着电瓶车等红灯，他们在烈日下坐在豪华汽车里等红灯，同一个红灯，不同的世界。工作也是一样，我们觉得不改不行的地方，比如作风太官僚、手续太烦琐，而领导觉得没有什么不妥。所以，我们必须要触及他的痛点，他才能采纳我们的意见。

比如，在工作中，很多基层工作者最头疼的就是办事手续太烦琐，而让领导简化流程又很难推动，因为领导办事的时候手续并不烦琐——没有痛点嘛。怎么办呢？让他痛！

我们要把话说成这样：我们也是被逼无奈；我们也得走流程、按规矩来；这也得签字，也得批示；这也要开会，也要打报告的。也就是说，我们不能白忙，要拉着领导一起忙，直到领导不堪其扰，说出那句我们等了很久的话——"这点小事也要来麻烦我？"

妥了！现在我们就可以说出憋在心中很久的那句话了："唉，我们不也是没办法吗？程序就是这样规定的，我不天天找您我担不起这责任啊，要不咱们考虑考虑简化一下流程？"这个时候，跟我们有一样痛点的领导，自然也就比较容易点头啦。

又比如，我们要推进一个项目，但是领导觉得风险太大。那我们要清楚，领导和我们的痛点是不一样的。错过一个好项目，对他来说也心疼；可是万一搞砸了，我们倒是可以辞职走人，领导舍不得啊，所以他的痛点在这里。所以，在劝领导的时候，我们不要太多强调收益，更多地要强调风险规避；不要太多强调创意（什么行业先行者啊、领先多少年啊，这些会让领导越听越害怕），更多地要强调市场的可行性（即别人也有干成过的）。这才是找准了领导的痛点来进行说服，效果会好得多。

给对方一套完整的解决方案

保守派想问题，一向是从最坏的情况出发，而要应对最坏的情况，预案就需要比较完备。说个生活中的例子，妈妈要儿子穿秋裤，怎么办？说"我不冷"有用吗？没用！

可是，如果儿子方案比较完备，那就不一样了。比如他可以这么说：

> "等会儿出门打车，我会等司机到了再下楼，不会在外面待太久。"
>
> "我去的那个地方暖气很足、人很多，穿多了不舒服。回来时也是离地铁几步路而已，冻不着。万一要在外面走路，我就叫个专车直接门口到门口，您就放心吧。"

儿子的出门方案如此完整，妈妈就是再担心，也说不出什么来。

总之，家长、长辈和领导比较容易保守，这是人家的天职所在。要说服保守派，我们就要找到他们能听得进去的理由，让他们能切身感受到痛点，并且提供一套完整的方案。

❮ 使用注意 ❯

很多人会觉得和长辈说不通道理，其实不是的，只是因为他们有自己的一套道理而已。所以说服长辈的核心，其实不在于具体的语句，而在于你要去了解他们的"三观"。在日常生活的点点滴滴中，你要清楚地知道他们是如何看待各种问题的。这样才能有机会说服他们，不然难免会巧妇难为无米之炊，无从下手。

常用句型

- 您总教我……很重要，可在这件事情上……

归纳对方看重的要点，随后提出在这一点上的不同意见，用长辈的视角来阐述自己的观点。

- 您是不太清楚，其实我也是没有办法……

借机说出自己的难处，让长辈感受到自己的切身之痛。

如何催促拖延症老板

‹ 误区 ›

扮可怜，求老板

现代社会，很多人都有拖延症。有人认为，拖延症就是懒；但是心理学研究表明，拖延症没这么简单，它的本质是为了消除恐惧和焦虑而引发的逃避行为。加利福尼亚大学的资深心理咨询师简·博克和他的同事曾经整理过拖延者的信条，他们发现，拖延者往往追求完美、害怕失败，也因此对即将到来的任务产生焦虑，为了缓解这种焦虑，只好一拖再拖、逃避问题。

在职场中，每一项工作或任务都离不开团队配合。在几乎人人都有拖延症的大环境中，我们自己的拖延症尚且有截止日期来救，但是如果我们的老板有拖延症，谁敢给他定截止日期呢？就算他自己定了截止日期，往往也是说改就改，比如：

"我这几天太忙，来不及看，你要的文件再往后放放。"

面对老板如此拖延，很多人都会说："那就求呗！"对老板不能强硬、不能黑脸，所以就应该努力放低身段，可怜兮兮地求老板把该看的看了、该审的审了；中间再加一段紧急情况说明，试图来撇清"不是我催您，是情况所迫，所以您别怪我"。

我们可以想想，这样做，虽然没对老板黑脸，但是却让老板变成了坏人。我们求得越可怜，让老板这个坏人当得越彻底；描述的情况越紧急，越是在变相暗示老板整的烂摊子有多大。这时候，不仅工作没推进，还可能因为不会说话而与老板产生嫌隙。

❮ 小诀窍 ❯

减少焦虑，提供动力

第一步：真诚表示体谅，实现低阻力沟通

以我们《好好说话》为例，每周的音频录制出来，听审小组会给意见，无论修改还是送剪，最后拍板上线都要经过渐彪的审核，如果他拖拖拉拉不听、不看、不拍板，那么最坏的结果就是当期的音频无法上线，"开了天窗"。

假如此时渐彪真的拖延了，我们就可以这么说："渐彪，最近你要忙的事情好多，还hold（掌控）得住吗？我看你又是跑高校宣传，又是和投资人协商，还要录制自己的音频，你要是有时间审我们的音频就见鬼了。"

请注意，在这里，我们没有说现在离音频上线的截止时间，也没有让他该拍板的时候就快点拍板，而是先罗列他目前在做的很多工作，表示他的辛苦我们都看在眼里，所以非常理解他到现在还没听审音频的原因。

这样的对话，会让领导感觉下属不是来责难他的，因为责难就意味着对立和攻击，人面对攻击的本能反应就是开启防御模式，不但会产生抵抗情绪，还会自我强化之前行为的合理性，表现出来的就是死要面子不认错。老板一旦不认错，而且甩出大段理由来合理化之前的拖延，我们再往下接难度就会变得更大。所以，开个好头很关键。

第二步：提供后备方案，清空焦虑内存

刚才我们已经体谅了领导的拖延原因，上面这则案例接着就该这么说：

> "看你忙得没时间，所以我想了一下，如果你觉得实在来不及听审这周的音频，咱们还有一个方案，就是把后备音频调上来，新的音频可以以后再审。"

这就是提供后备方案。有人可能觉得，我们是想催老板加快速度，怎么反倒帮他找起后路了？这就是后备方案的意义——不在于领导会不会真的选择它，而是帮助领导缓解当前开天窗的压力，让他觉得其实这件事没有那么难办。一旦领导的压力得到释放，反而能在心情上缓解焦虑感，更愿意面对和处理当前的状况，甚至提供更好的解决方案。

所以，要想说服一个有焦虑情绪的老板，最重要的就是给他安全感，最大限度地缓解他的恐惧与烦躁，释放他的不安情绪。这个后备方案未必完美，但它的作用只是想让领导知道，它起码是个兜底方案，是不会出现最坏结果的。

第三步：点明短期收益，激发主体动力

还是接着上面的案例，告诉了渐彪这个后备方案之后，就可以接着跟他分析：

　　"不过，如果这期赶赶工，上新的音频，那就正好符合咱们职场周的主题。那些后备的音频跟职场的关系不大。你看你只需要挤两个小时出来，就能让咱们这一周的产品更贴近主题，刚好也回应了上周听众的意见。"

　　这么说有两个关键点。第一，不拖延的好处在短时间内就有立竿见影的效果，这对领导来讲诱惑力更大。因为恪守业务流程、树立高层权威，这些都是高大、长远、宏观的好处，不如眼前本周的好评率和收听率更为直接和贴近。第二，它强调了不拖延并不需要付出很大的代价，只需要多花两个小时，这完全在领导的能力范围内。两者结合，给领导一种"踮起脚尖就能立刻摘到苹果"的感觉，领导就有了做事情的动力。

❮ 使用注意 ❯

　　很多人觉得，老板拖延我们员工不方便催，但在合作社会中，每一个人都应当尽力为自己的工作负责，员工不仅仅是为老板工作，更是为公司、为自己工作，所以有需要催促老板的情景就大胆且有技巧地催促就好。更何况，"催领导"是催人的最高境界，你连领导都敢催，还有什么做不到的呢？

　　同时，操作步骤的顺序很重要。

　　很多人觉得，既然点明利益这种方式简单易操作，又何必多做前两步白绕圈子呢？我们要清楚，沟通说服要根据对方的处境来拟定策略，一上来就分析利弊得失，一般人很难听得进去，更何况是一位注意力和判断力已经被焦虑感所占据的领导。但有了前两步做铺垫，领导就清理了足够的认知内存，这时候再给领导一个推动力就水到渠成了。

常用句型

- 您最近这么忙，工作又多，应付得过来吗？
- 您要是没时间处理这个事，我们用方案B怎么样？
- 不过如果您能抽时间处理这个事，我们能获得更多的好处喔。

如何说服比自己更专业的人

‹ 误区 ›

用感受评价专业，用命令逼迫服从

在这个高度分工的社会里，人人都需要与专业人士合作。但因为专业性的差距，往往使这种交流困难重重，尤其是当你要说服一个比你更专业的人接受你的意见时，则更是如此。

以和设计师沟通为例：甲方与设计师合作时，一方面，甲方觉得自己出了钱，就应该想怎么改就怎么改；另一方面，甲方却感觉设计师用专业筑起了高墙，就算没有彻底拒绝甲方的要求，也总让甲方觉得沟通困难。

那么，一般人在说服专业人士的过程中存在哪些误区呢？仍然以与设计师沟通为例：

很多人在劝设计师改东西时，总喜欢一上来就表达自己主观意愿上的不满："你这个方案不好看，具体哪儿不好看我也说不上来，就是感觉不够高端、大气、上档次。"然后就开始乱出主意，要人家东改西改——"要不你试试把logo（标识）放大一点？还有标题要放大，二维码也要大，同时要留白哦……"（完全没意识到"放大所有内容"和"留白"有多矛盾）最后就开始下命令，威胁设计师说："你到底改不改？不改不给钱啊！"

在这里，甲方犯了三个错误：一是评价作品时只说主观感受，让人不服；二是提出修改建议时纠缠细节，且矛盾重重；三是用下命令的方式逼人服从。后果可想而知。但是甲方也觉得自己很委屈，因为方案的确不符合要求，不改甲方也没法交差。

❮ 小诀窍 ❯

尊重专业，达成共识

还拿上面这个案例来说，设计师是一个仰仗创意的职业，让他们带着痛苦的情绪或受迫的感觉去工作，就会影响工作品质。所以，我们要学会"无痛"劝导设计师修改方案的方法。

克制直接表达主观感受的冲动

什么叫主观感受呢？它有标志性的"三个字"特征——"我觉得"。

"我觉得不好看。"

"我觉得不大气。"

"我觉得不够有内涵。"

……

通常设计师心中的反弹会是："你觉得不好看，但别人可能觉得好看啊！你觉得不大气，你又不是专业设计人士，你的审美靠谱吗？"

讨论一旦落到主观判断领域，我们和设计师就很容易陷入各说各话的争执。而且，在我们没有撕破脸表示不改不给钱的情况下，设计师完全可以用自己在设计领域的丰富经验把我们说得无话可说。更何况，主观感受通常十分模糊，缺乏能够准确传递想法的信息媒介。试想，如果领导或合作伙伴只知道跟我们说："我觉得你这个方案不太行啊。"我们能瞬间准确地捕捉到他们话中的要旨吗？所以，初步接触一个设计方案，就算再不满意也要沉住气，把主观上的不满意细化成客观和具体的问题。这样，设计师才能得到修改的线索，才能进行下一步的讨论。

比如，设计师交来网站改版方案，可是我们觉得"土土的"，这个"土土的"就是一个模糊的主观感受，听了不仅不知道问题在哪里，还会让人有一种无端被指责的感觉。我们应该跟自己印象中那些"不土"的设计进行比较，并告诉设计师，是字体太过古板和常规，还是配色太沉闷，抑或是排版太密集。就算在脑海中搜索不到什么可以对比的案例或进行描述的词语，我们还可以上网搜索一下类似的设计，以供设计师捕捉我们的想法。

为了更好地设计方案，这点儿功课还是值得做的，而且还能向设计师传递出我们的友好和诚意。但是请注意，我们所说的具体看法只是要求尽量多提供一点儿细节，而不等同于要提供专业意见。

提出抽象需求，而不是具体要求

需求和要求的区别在于，需求是整个设计项目应该达到的总体目标，比如，塑造有亲和力的品牌形象、提升某个链接的点击率，或者是吸引用户在页面停留等。要求则是指对设计方案中某个细节的具体安排，比如，背景颜色要是白色，标题要使用宋体，或者logo要大等。

我们要知道，设计师总是倾向于回避问题和拒绝修改的，这是人之常情。所以我们提问题的时候不具体，就容易因为失焦而被回避。但说到修改建议的时候，我们如果陷入细节的纠缠，不仅会捆绑设计师的手脚，导致最后的修改方案偏离应有的轨道，还会给我们彼此的沟通带来很多摩擦。说个真实案例。

> 有一位设计师，把"五四"青年节的专题配色搞成了黑色。板块的编辑就不乐意了，说："青年节的主题色怎么能是丧礼黑呢，必须给我改成绿色。"设计师同事立刻反驳说："绿色不好，青年节怎么能变绿帽节？"于是，两人就黑色和绿色哪个更不吉利争论了起来。

实际上，编辑完全可以只讲内容需求，编辑可以这样说：

> "今年'五四'青年节的主题跟环保与社会责任结合得比较紧密。你做的这个黑色是挺有个性的，现在的年轻人也挺喜欢黑色，但和咱们这个设计的主题有些不太吻合。你能不能建议一些可以实现这个需求的方案呢？"

然后，等设计师罗列出什么橙色、蓝色、绿色的时候，我们再从里面挑出绿色说："我觉得你用的这个绿色就挺好，不如咱试试？"

同样都是改成绿色，与其直接要求设计师改，不如让设计师提供可行性方案让我们来挑。采取后一种沟通方式，设计师改起来一定痛快得多。当然，我们也不排除可能提出一个设计师也很认同的修改方案。这里的关键不是谁来提方案，而是彼此之间要认同。

不要下命令，要尝试在探讨中达成共识

作为甲方或合作方的上游，面对设计师或其他合作方，最终的话语权其实是在我们手里的，这一点毋庸置疑。所以，把一部分话语权交给

设计师，设计师不仅会对我们心存感激，而且更倾向于做出对我们有利的决定。如果我们希望设计师不是推一下、动一下的做事风格，那就把权力交给他，这样，才可能激活设计师的创意和潜力。

〈 使用注意 〉

所有和专业人士的沟通交流都建立在前期明确传达需求的基础上，掌握说服技巧的同时，我们更需要在前期沟通上多付出一些努力，将方案需求描述得更清楚，甚至通过提前熟悉对方领域或找类似风格作品等方式向对方传达需求，避免后期反复修改的麻烦。

常用句型

• 你做的这个方案也挺不错的，只是和这次的要求有一点出入，你能不能根据这次的主题建议一些新的方案呢？

• 你觉得这个配色方案怎么样？要不咱们试试？

如何鼓励不求上进之人

〈 误区 〉

不懂人心，再多激励也无力

我们周围都有这样的朋友，他们看起来蔫蔫的，日子也过得浑浑噩噩，看着就让人觉得不踏实。身为朋友，遇到这种情况不能不劝。可是，每个人的生活状态都是自己选择的，我们就算想劝，又该怎么开口呢？

在很多人的想象中，劝导一个没什么上进心的人可以采用这些方法：

> 针对普通青年——打鸡血，说类似"加油""努力""不要害怕失败"的话。
>
> 针对文艺青年——喝鸡汤，说类似"你可以成为一个更好的人"的话。
>
> 针对不务正业者——骂人，说类似"瞧你这瓜样，没出息""你看隔壁老王混得多好，再看看你自己"的话。

然而事实上，这些招数拿来对付自己可能还行，用来鼓励别人，别人用一句"我只想做个平凡人"就能把我们噎得接不上话。"做个平凡人"这种话有很多变体，比如"我想做自己""那些不是我想要的""每个人都有自己的选择"等，遇到这些说法，我们可能会觉得这个人没救啦。但归根结底，误区在于我们其实并不知道，这些看起来"不求上进"的人心里究竟需要的是什么。

❮ 小诀窍 ❯
针对不求上进者心理的三步抢救法

降低对方对结果的恐惧
能说出"我不想那么努力，就想做个平凡人"的人，其实是出于防御心理。因为"不努力"往往是一个人最后的安全区——遇到挫折，他们会想：这不是我的问题，只是因为我还没认真对待、还没开始努力罢了。

人们都喜欢说"别怕失败"，但往往不懂，真正令人害怕的不是失败这个结果，而是"我怎么努力也没有用"这个结论。因为这是对一个人更全面、更彻底的否定。所以，鼓励那些不求上进的人的第一步应该是消除他们对后果的恐惧，只有这样，他们才可能走出安全区。

比如，对于一个成绩不好也不努力的孩子，我们不要跟他说"考上大学很重要""只要努力就一定能考上大学"这样的话，那只会加深他的恐惧，他会想："万一努力了也没考上呢？那样我不仅人生完蛋，我这个人也一无是处了。"

我们应该这样说："有考试，就有人得第一，也会有人垫底。即便结果不如意，也未必是你的问题，可能是运气，可能是环境，也可能是别的什么原因。总之，考不好不意味着对你个人的否定。很多人说什么一考定终身，你别信！"

有人会担心，这样说会让孩子彻底放松、不去学习了吧？其实不会，相反，他很有可能会放下原本对努力学习的抵触和抗拒。

用可能性代替目的性

众所周知，目标有实现不了的风险，但可能性就没有这个问题。爬不上珠峰，这是目标没实现，但是路上你总能欣赏到各种不同的风景吧，这就是可能性的扩展。后者比前者更诱人，压力也会小得多。

此外，目标会让人觉得乏味，可能性才更有想象空间。实际上，你掰着指头数一下人生目标的种类，不外乎这么几种：考上好大学，进个好公司，升职加薪，理财买房，最多再加上嫁给"高帅富"或者迎娶"白富美"。想想看，这样的目标确实挺单调。

而一般人都不太愿意直接模仿别人的成功路径，因为那样即便获得成就，也会觉得那不是自己的。所以，鼓励人的时候最忌讳的就是做比较，他们会觉得："我不想做别人的追随者，我宁愿跟他保持差距，这样至少可以说我们是完全不一样的人。"

所以，我们应该顺应这种心理，对当事人说："你不要去做隔壁那个家财万贯的老王，你人生的可能性至于这么狭窄吗？你的潜力那么大，只要你愿意，完全可以做点别的有意思的事儿嘛。"不用担心这会让他不务正业。当一个人真的打起精神要干点啥的时候，他的选择不会太多，毕竟"条条大路通罗马"嘛！

营造愿景而不下指令

有人可能会问，刚用"可能性代替了目的性"，怎么又要找目标了？这一步是说，之前的目标之所以要被换掉，是因为它要么来自我们的灌输，要么来自外界的参照系；现在我们说的目标，是他自己的选择，严格来说是"愿景"。

《小王子》的作者圣·埃克苏佩里说过："如果你想造一艘船，不要抓一批人来收集材料，不要指挥他们做这个、做那个，你只要让他们渴望浩瀚的大海就行了。"人都是这样的，我们越要他去做什么，他就越不乐意去做什么；但如果我们谈的不是去做什么，而是去玩什么、吃什么、享受什么，他不仅乐意听，还可能为了实现这些愿景而去尝试、去努力。

比如我们《好好说话》的主创邱晨，小时候特别害怕说错话，所以很讨厌跟人说话和举手发言，在课堂上老师都点名字了，就是不肯站起来。老师鼓励说："要努力啊，不然不会讲话以后怎么跟人交流、怎么生活？"可是邱晨根本不在乎。

而邱晨的爸爸就不这么劝，直接给她看国际大学生辩论赛。因为那个时候娱乐也不多，有电视看总是高兴的。爸爸陪邱晨一边看，一边夸里边的辩手，而且他不是夸他们厉害，而是夸他们的生活有意思。比如，他们可以去新加坡；他们可以穿西装而不是校服；他们旁征博引啥都知道，是不是看过很多奇奇怪怪的动画片，等等。

邱晨当时喜欢看动画片，但从没出过国，而且校服是黄绿两色那种比较丑的搭配，所以她非常羡慕那些辩手的生活。直到很多年后，邱晨才发现被骗了，因为新加坡不好玩，西装不好穿，打辩论赛也没时间看动画片。但是，这些已经不重要了。

邱晨爸爸曾对她说："你是不是热衷于举手发言，我是无所谓啦，那是你们老师的事儿。我觉得，你也不需要当蒋昌建那样的好辩手……只是，他们做的事好像还挺好玩的，可以去很多地方、见很多有趣的人，你要不要也试试呢？不过是说说话而已嘛。"

后来的事儿大家都知道，邱晨不仅成为一位身经百战的辩手，而且还拿到了第二届《奇葩说》的冠军。

❮ 使用注意 ❯

很多企业家在激励员工时也会营造愿景，但听起来会特别像开空头支票。因为他们动不动就用公司上市、财务自由来忽悠薪资不高的员工，让员工无偿为公司疯狂加班。而这其中的区别就在于，愿景应该是感召，而非承诺；激励的本质应该是对个体可能性的探索，而不是鼓吹甚至胁迫人完成任务的工具。所以，在使用营造愿景这种方法的时候要特别注意。

常用句型

● 就算……也不会怎么样嘛!

讲好处之前,先削弱后果的严重性。采用这种句式,可以削弱不求上进者的畏惧心理,免除后顾之忧,让他们愿意一试。

● 我倒觉得你是能做到很多事的,未必要像他……那样。

用"未必要这样""谁说非如此不可"之类的讲法,反其道而行之地否定标的,用可能性代替目的性,增加对方对你劝说的接受度。

● 哎,这样……也挺有意思的嘛!

不做任何明确的劝导,避开"你应该如何""我觉得如何"这样带有明确诱导性的表述,而仅仅是看似客观地描摹一个愿景,引起对方的兴趣。

没有什么会比同仇敌忾的情感更能够拉近我们跟对方之间的距离。而创造压力，就是将双方之间原本对立的立场转变为一致对外。说服，不只是语言，更是一种策略，当情势改变了，人与人之间既有的利益关系与情势、姿态也会随之改变。

诉诸外部压力进行说服

〈 情景 〉

和领导有不同意见

在职场中，我们有些时候总会在某些事情上与领导意见相左，面对和自己意见不同的领导，该如何劝说他转变看法，就成为每个职场人可能都会面临的大问题。举个例子：

> 某领导安排了一次全部门的集体出游。员工小李是一个耿直的同事，作为经费管控方，他发现如果按照领导的计划实施，那么很可能下半年预算会超标。小李应该怎么办呢？

最简单的办法好像就是直说——预算不足，下半年财务压力太大，计划应该取消。这样说，看似刚正不阿、无可指摘，可是我们有没有想过，这个时候领导要怎么答复？是承认自己的想法不对，因为小李施加压力而改变计划吗？那谁是领导呢？对于那些爱面子的领导，这样直接提出和他对着干的意见，为了树立权威，他就算明知道这个意见是对的，也会否定掉。

　　一般人在劝说或说服别人的过程中很容易陷入一个误区，那就是让对方直接感受到来自我们的压力，比如像这样当面直接指出别人的问题。很多人以为，有压力才有动力，不给点压力对方怎么会改变想法？但是我们要知道，因为说话的人是我们，所以这个压力也往往会被理解成来自我们，这样会更容易激发对方的逆反心理。于是，对方很有可能跟我们杠上了，这样反而起不到说服的效果。那么，该怎么提出意见，才能不会引发逆反，又能说服领导呢？

❮ 小诀窍 ❯
让客观压力来自外部

塑造共同的敌人，可以免伤和气

　　事实上，管理者最在意的是权力的完整性和安全感。所以，要给他们压力，不是不可以，但是要"诉诸外部压力"。也就是说，把压力的源头转移到外部去，塑造一个共同的外部敌人，让自己和自己要说服的对象永远处于同一阵线，这样，我们的说服对象就会更容易接受我们的建议。

　　运用这个方法来分析上面这个例子：

　　　　使用"诉诸外部压力"的方法，我们完全可以不必自己出头，而是跟领导说："哦？要出去玩？好啊好啊！大家都好久没出去玩了，趁机增进一下感情也挺好。不过，最近财务部盯着各部门预算特别紧，咱们要是超支就麻烦了。他们找我还好说，咱绝大部分的开销都是业务支出，但要是具体问到这一次集体出行……您说，咱怎么应对财务部那边呢？"

这样说至少有两个好处。首先，因为我们是在客观描述来自外部的压力，所以即使领导最终接受了这个意见，也不会有"被你给说服了"的不适感，他会觉得这是他自己根据你提供的外部信息做出了一个新的决定。其次，由于塑造出了财务部这个共同的"敌人"，我们在这个场景中不再是意见和领导相左的反对者，而是与领导共同面对财务部审核压力的自己人，这样，就会降低接下来的交流中可能带出的敌意。

总之，很多时候，说服别人不等于直言相告，而是需要诉诸外部压力，让共同的敌人为我们完成说服的过程，这才是更好的方法。这种方法看似迂回，但是降低了表达中的对抗意识，很可能事半功倍。

化主观意见为客观压力，让对方更容易接受我们的意见

金庸笔下的韦小宝就用过这招。

> 他奉命去劝已经出家的顺治皇帝离开修行地躲避危险。一开始他表明身份直言相劝，对方直接冷着脸拒绝，他自己也讨了个没趣。后来他灵机一动，栩栩如生地描述了一个莫须有的阴谋，跟皇上说："咱们需要出去躲避，免得遭了毒手。"说来也奇怪，顺治帝突然觉得很有道理，说："幸亏得你点破，否则当真坏了大事。"

为什么有这样的变化呢？就是因为前一种情况是："我告诉你，你这样下去会受害，所以我希望你离开"；而后一种情况是："听人家说，有坏人要害咱们，咱们得一起离开"。很显然，后一种情况更加客观，接受起来才比较不丢面子。

这一招不仅对上级有用，对下属一样有效。

> 胡渐彪每次想让队员放弃娱乐去加班的时候，从不直接说出自己的要求，比如他会讲："邱晨啊，合作方那边又来催了，还说咱们再不搞定就要重新考虑合作计划了。不然，咱们今晚加加班、努努力，把它做出来？"

这话一出，谁还能埋怨和拒绝；要拒绝，也只是表达对合作方不合理要求的拒绝，总之，不会伤了我们团队的和气。

〈 使用注意 〉

如果我们是"需要被说服"的一方，听到人家劝自己的时候，不说"你该怎样"，而说"我们该怎样"，我们也应该敏锐地意识到，人家在有意识或无意识地采用诉诸外部压力的方式。不过这时候可别拆穿人家，人家是出于善意，是不想伤了和气，而且还花了心思、选了措辞。所以，我们不妨也用好好说话来回馈人家的良苦用心。

常用句型

- 我们这样做，××方面的压力会很大啊！

把"我"换成"我们"，在外部压力面前显示我们是同一阵营。

营造机不可失的时间紧迫感

〈 误区 〉
尽快？那编个夸张点的故事吧

我们常常会遇到这样一种情况，那就是需要说服他人做一个自己想要的决定。小到男孩希望第一次遇到的女孩能给个联系方式，大到某些国家财团的说客去游说国会议员改变他们的提案。然而，毕竟每个人想法多多少少会有不同，想要说服另一个人做出一个你需要的决定，不会是一件容易的事情。

很多人到了真正需要说服对方做决定的时候，往往会因为没有思路而慌不择法，试图用各种夸张的手段、理由、借口把事情往前推进。

举个例子。假如我们在一家咖啡店见到一个女孩，一眼就觉得是她是自己心目中的女神，此时我们要怎么上前跟对方要电话，成功的概率才会比较大呢？我们做过调查，答案不外乎以下几种：

- 假扮成咖啡店的店员，请女孩填写问卷，顺便留下联系方式。
- 假装自己手机遗失了，去跟女孩借电话拨打找寻，借机留下联系方式。
- 直接对女孩说，自己有个朋友想和女孩交朋友，所以想代替朋友来问女孩的联系方式。

听到这些答案，给人的感觉就是现在的人偶像剧看太多了。仔细分析不难发现，我们之所以去要女孩电话，目的绝对不是只想要电话号码而已，而是想要有进一步的发展。那么，如果我们一开始就假扮自己是咖啡店的店员、假装自己手机遗失了或者代替朋友来问电话,陷入这种为了谋求"尽快"就无所不用其极的误区,那之后,也就是我们进一步认识后,该如何发展呢?

而排除这些未及细想的思路之后,大多数人的选项也就只剩下直接走过去跟女生说:"你好,我很想跟你做个朋友,可以留个联系方式吗?"这不是不行,因为没什么技术含量。

❮ 小诀窍 ❯

让时间紧迫感帮你完成说服

现在,我们来分享一个常被用到的技巧——紧迫感。

在做决策的时候,我们的大脑对于那些稍纵即逝的机会、对于那些很有可能会一去不返的事物总是特别敏感。

比如,有个平常交情也就一般的同学,没什么事大家也不会特别约出来见面。但突然听说他要出国了,以后再也不回来了,在送别之际我们就会感受到特别依依不舍,"同窗三年,缘分不浅,以后大家一定要常联络啊!"

又比如我们常见的电视购物频道,主持人常常一边在搞特价,一边在屏幕边上打出一个倒数计时码表,这是告诉我们最后的折扣时间,大家一定要把握。

同样的道理,用在之前的案例中,或许我们可以这么说:

"小姐,不好意思,我刚才一见到你,就觉得对你很着迷,很想跟你再进一步认识。但可惜我现在有事在身,不得不赶着离开,所以如果你不介意的话,可以给我一个联系方式吗?"

当一个女孩看到你的时候，她脑中面对两种可能：要么是个好男孩，要么很不怎么样。所以在通常状况下，人的大脑会偷懒，它会试着用最省事的方法——先不给你电话，而是要看看你的行为和表现，等判断清楚之后再决定下一步，这叫作"决策延迟"。

在这个案例中，在已经说出自己即将离开，所以如果不给联系方式之后就再也见不到的时候，女孩面对的选择就发生了变化：如果这个男孩不怎么样，即使给了联系方式也没关系，大不了再拉黑嘛；但万一眼前这个男孩就是自己的真命天子，那现在不给电话以后就再也联系不到了。此时在时间的紧迫感下，人的大脑往往会从偷懒模式切换到安全模式，即用最保险的方法提前做决策——先留个电话再说。

可见，这种利用时间的紧迫感的方法，用在决策上，往往通过轻轻推对方一把，就可以达到临门一脚的效果。

❮ 使用注意 ❯

如果你以为这种说服技巧只能用来向女生要电话，那就太大材小用了。事实上，它是教你用一些很小，但却很明确的元素，重新组装我们的论点与资讯来促进改变的可能。所以，在学会这个沟通技巧之后要试着举一反三，观察一下身边的资讯与对话，有哪些是可以进一步用到这些技巧的，又有哪些技巧是人家已经在用来对付我们了。如此，每天你得到的每一点进步，都会汇聚成人生的智慧锦囊。

常用句型

● 我很希望……但是因为时间紧急，我必须要离开了，所以可以请你……吗？

明确表达意图，讲清时间紧迫，让外在的急迫性帮助你促使对方下决定。

● 我完全没有要催你做决定的意思，只不过这个机会很快就没有了，所以我必须跟你讲清楚这个东西的珍贵性。

强调自己没有催促的意思，避免对方产生逆反心理。尽可能采用"这件事情如何如何""这个机会如何如何"等中立化的表述，让对方感受到急迫性带来的压力。

通过把人"架起来"达到劝说目的

‹ 情景 ›

劝人做本不想做的事

生活中我们总会遇到这样的情况，酒桌上想向朋友敬酒，对方不想喝；有事情需要找朋友帮忙，但朋友却面露难色；销售人员想向客户推荐产品，但客户还没有下定决心。这时我们该怎么说才能既不会让对方觉得不舒服，又能让对方接受自己的提议呢？

《 小诀窍 》
把人"架起来"

把人"架起来"的方法，说白了，就是先给对方戴上一顶高帽子，表示对方境界高、水平高，再顺理成章地提出建议。举个例子：

> 奢侈品店里那些有经验的销售人员，看到顾客在挑选一款新款名牌包的时候，往往会不失时机地这样恭维："小姐，看您的穿着很有品位，您对包包应该比我更懂行，您肯定也知道这是最流行的新款，不如今天就把它背回家试试？"

> 再比如，钢笔广告里会出现这样的文字："经常书写的您，比我们更懂，一支书写流畅的钢笔到底有多重要。"

这些都通过把顾客抬高，以此来降低我们对其观点的认同门槛。这些就是在运用"把人架起来"的方法：先是告诉对方"您比我更懂时尚"，再顺水推舟说："我都知道这一款非常流行了，您会不知道吗？"这时候，就算是顾客真的对时尚不太清楚，也往往会点点头回答："当然啦！"从而主动套入销售人员架起来的"时尚达人"的形象。

这种说话技巧的核心，就是主动发现并拔高对方的价值，一方面，让对方在恭维中态度有所软化；另一方面，也促使对方在戴上高帽之后采纳我们的观点。

《三国演义》里有个故事，也是这方面的典型案例。

> 赤壁之战在即，诸葛亮游说孙权共同对抗曹操。舌战群儒中，诸葛亮先是提到自己的主公刘备只有"数千仁义之师"，依然不愿投降，坚持对抗曹操；又夸赞东吴"兵精粮足"，还能依仗长江天

险；最后提出自己的建议——孙权和刘备联手对抗曹操。这就如同说：你们兵多粮足，地理位置也如此险要，如果还是要投降，不是会被天下耻笑吗？

这是先拿自己的实力做对比，表示自己实力不足依然不放弃；再给对方戴高帽，表示对方远远高于自己；最后提出劝说"共同抗曹"，最终促成了孙刘联盟。

⟨ 使用注意 ⟩

"架起来"不是凭空的，最好有个对比。比如出租车司机经常会跟你吐槽别的乘客如何如何，就是为了给出一个具体的比较对象，让你不好意思拒绝他的某些要求。还要注意的是，"架起来"一定要架到合适的高度，太高或者太低都不能达到说服别人的目的。比如售货员说你长得比广告牌上的林志玲还好看，太适合这件衣服了，你听了也不会信以为真；他要是说你长得比凤姐好看，很合适这件衣服，你又会觉得他在嘲讽你。所以，架到什么位置很重要。

常用句型

- 您眼光真好，不会看不出这里的好处吧？
- 我听说××地方的人都很豪爽，您总不会计较这些吧？

04.
谈判
把冲突变成合作

所谓谈判，就是在不可忍受的僵局下，交换评价不相同的事物。在这句简单的描述里，有几个关键点。

　　首先，谈判起于僵局，且必然发生于"不可忍受的僵局"。所以，如果僵局不存在，或是其中一方觉得僵局还可以忍受，则谈判就不会发生。

　　其次，谈判的本质就是交换，且主要交换的乃是双方评价不相同的事物。而如何在一个既有的僵局中，为彼此创造出各种评价不同的事物以供协商与交换，就是所有谈判的精髓所在。

每个人都知道，在谈判中和在战争中一样，也需"知彼知己，百战不殆"。所以，在面对关系重大的正式谈判时，双方往往都会在事前投入极大的成本搜集可用情报。

但对一般人来说，生活中面对的往往都是小谈判，对此，我们不太可能投入过多的信息成本，也没空去搞那么多尔虞我诈的谍报战，所以我们需要更便捷的方式来获取信息。

旁敲侧击地打探消息

‹ 误区 ›

小谈判，搜集信息太麻烦，不如算了

面对小型谈判，许多人性子特别急，只想着速战速决，一坐下来，就招呼大家赶紧进入正题，行不行给个痛快话，恨不得立刻谈出个结论。至于资讯不足的问题，他们往往会想：嗨，杀鸡焉用牛刀，反正利益不大，何必那么麻烦呢？

同时，谈判中有些老江湖，在打听消息方面都有一种特别的本事。在谈判之前，他们从不贸然进入主题，而是以暖身的姿态跟大家聊起天，貌似不经意地抛出些不痛不痒的问题，看起来只是随便问问，甚至还让我们觉得嘘寒问暖、特别贴心，但是回过头来一想，我们的很多关键信息早就被他们摸得一清二楚了。

相比之下，后者做起事来，更容易在谈判中积小胜为大胜。

❮ 小诀窍 ❯

三种常见的问句

所谓的谈判高手也没有什么超能力，他们只是通过一些看似无关痛痒的小问题迂回地得到了他们想要的结果。我们今天就来分析几类常见的句型。

第一类："您是怎么知道我们的？"

首先要明确一个观念：信息的来源很可能比信息本身更重要。比如，餐厅给顾客提供的问卷调查里，经常有一项："你是从哪里知道我们这家店的？"这里的选项可能包括广告、传单、朋友推荐、杂志报道等，而由顾客勾选的比例就可以判断出对这家餐厅而言，有哪些广告投放是有效果的，有哪些杂志采访是无意义的，又有哪些群体是在背后为自己做口碑的。

再举个例子，经常有人邀请黄执中去做企业内部的培训。寒暄客气之余，黄老师总会貌似闲聊地问一句："嗯，感谢您的邀请，但我很好奇，你们是怎么知道我这些课的呢？"

有时候，对方的回答是："因为我们上网查了一下，见到了您在××的演讲，觉得很好，所以特别来邀请您。"由此，执中就可以知道他之前在哪些地方的口碑能产生什么样的效果，也能就此判断出对方目前所得到的印象是什么。

而如果对方的答复是："因为我们有个领导之前在××参加过

黄老师的讲座，觉得收获很大，所以回来后希望可以在公司内部也办一场，让我们也参与一下。"此时，执中就可以知道这次的邀请基本上是上级交办，对方有必须谈成的压力，那在开价方面就不妨稍微硬气一点。

可见，"从哪里知道这个信息"的问句，本身就是一条含金量特别高的信息。

第二类："在这方面，你们之前做过的最大的案子是多少?

这类问题表面上是在聊过往的工作资历，分享一下甘苦，但事实上，却能从中探知一项极为重要的资讯——对这类案子，你们最多出过多少钱?

像这种问题，对方没有什么理由拒绝回答，他既不能回避说"我们以前没做过这种案子"，也不方便刻意压低价格，说之前做的案子都不贵，因为这样都会显得自己没见过世面。与此同时，只要跟他谈起一个"我们做过最大的金额是多少"的案例，那么之后谈起价格时，双方在心理上无形中就会建立起一个比较高的参照系。而我们在开价时，也可以比较容易衡量自身条件，做出合理的预期，不致过高或过低。

因此，我们每逢受邀为企业办讲座，遇到双方初次合作、价格还在摸索期的情况，通常都会先跟对方聊聊："企业培训，你们这方面累积了不少经验吧?""之前你们经手过最大型的培训是怎样一个投入啊?"

第三类："按照这样的条件，我给您推荐别人好不好?"

假如对方请我们去讲座，谈来谈去条件都谈不拢，在谈判的中场休息时，我们便不妨以聊天的态度谈起："以这样的条件来说啊，要不然，我推荐 ×× 来帮你们培训好不好? 他们也很不错的。"

这个问题软中带硬，冲突性没那么强，善意也够。与此同时，还充分表现出自己在专业领域中难以被轻易取代的自信，抬高了身价。通常对方听到这样的话，反而会更希望能跟我们合作，就算这次谈不成，等他们以后预算足够的时候，再回头的机会也很大。

更重要的是，所谓"买卖不成仁义在"。通过这句话，其实我们卖了两个人情：一是客户可能真有难处，那在条件谈不拢的时候，这次帮他牵个线，就等于留下了个好印象；二是无论成与不成，我们所推荐的那个人（或机构），事后在知道了我们的有心介绍后，往往都会领情。

〈 使用注意 〉

在大规模的正式谈判中，由于搜集信息的效益高、渠道多，所以人们相对比较愿意做功课，事前的投入也多，此时，就不太能用得到这些"旁敲侧击"的小技巧。

所以在使用以上技巧时，你要知道它就像一把轻便的小刀，专门应对那种信息不足的临时性谈判。别因为学会了这几招就想偷懒，拿它代替你该有的正式刀具。

常用句型

- 您是怎么知道我们的？
- 在这方面，贵方之前最大的订单是多少？
- 按照您的条件，我推荐别人好不好？

用"纠正式引导"来获取信息

《 难题 》

如何在对话中获取我们想要的信息

很多人在想要探听消息的时候总会想：别人又不知道我想打听这事，如果不直接问出来，他们怎么会说呢？但是他们却忽略了一个事实：很多信息之所以需要通过某种手段来获取，很可能就是因为平常人们不愿意直接说，那么，你就算问得再清楚明白，也是得不到答案的。这就陷入了误区。

举例来说。如果今天我们有一个机会，私底下约了同事小王，我们跟她聊天的时候向她打听："王姐，不知道高老师平常私底下的个性到底是怎么样啊，能不能透露一点？"小王通常在这种情况是什么都不会讲的，因为面对一个不是很熟的外人，只不过聊聊天，就要来打听她好朋友的私生活，这种情况下怎么能随便跟人说呢？

《 小诀窍 》

"纠正式引导"的信息获取方法

大多数情况下，我们只能试着在平时的对话交谈中去挖掘出那些对我们来说重要的信息。这时候，就需要用对话引导的方法。

所谓对话引导，就是作为说话人，用某些暗示或策略来引导我们的听众怎么去想、怎么行动，从而达到我们获取信息的目的。

运用对方的纠正心理获取信息

人类有一个坏毛病，就是非常喜欢去纠正别人。孟子早在两千多年前就说过："人之患，在好为人师。"不过，借用这种喜欢纠正别人的心理，我们往往可以很有效地去引导别人吐露我们想要的信息。

> 在刚才提到过的案例中，我们把刚才那句话换一种说法："王姐啊，我前阵子听了高老师的课，哎呀，讲得实在是太好了，我相信高老师这种人私底下一定也是这样成熟、认真、稳重和睿智。你能当她的闺密，实在是好羡慕哦！"这时候，小王一定忍不住吐露一些你不知道的信息。

这就是所谓的纠正式引导，也就是我们与其去问对方，还不如给对方一个貌似肯定的答案，引导对方来纠正我们。而在纠正我们的过程中，对方就不得不透露出更多的细节与更多的信息，以证明自己是对的。

注意我们的态度和语调

既然是纠正式引导，那么最大的关键就是如何诱使对方来纠正我们，所以在说话的时候，我们提出来的观点一定要表现出自信满满、"我早就知道""我告诉你""我很清楚"的态度。比如，《福尔摩斯探案集》里有一篇叫《蓝宝石》。

> 在调查案件的时候，福尔摩斯为了了解一只鹅的来源，故意拿出 5 英镑跑去跟酒店主人打赌，说："我敢保证你店里卖的鹅一定是在当地农村喂养大的。"不仅如此，福尔摩斯甚至用一种极为挑衅的态度说："别说了，我知道我一定是对的，之所以跟你打这个赌，我只是要告诉你别那么固执己见。"

一听到这里，酒店主人忍不住了，他摊开记账本，对着福尔摩斯仔仔细细地跟他证明这只鹅是从哪里来的。事后，福尔摩斯跟华生说："当时，就算我给酒店主人 100 英镑，他所提供的信息也不会像跟他打赌的时候那样详尽。"

在这里，福尔摩斯用的就是典型的纠正式引导，从中我们也可以发现这种方法的有效性。

将信息获取的效益进一步扩大

在纠正式引导中还有一个秘诀，那就是适度的反抗，它的有效运用有可能让你获取更进一步的信息。继续使用之前的案例：

假如我们和小王说，高老师是个成熟、稳重的人，结果小王却吐槽了高老师一大堆糗事儿。

如果我们接下来的态度立刻就认输了，说："哎呀，王姐，没想到高老师是这样的人，真是知人知面不知心啊！"这时，小王肯定不会再继续说了，你想知道的信息也就断了。

因为小王觉得，关于高老师的个性她已经纠正我们之前的观点了，那就够了，这个话题当然就不用再继续了。可是如果在这个关键时刻，我们做出适度的反抗，那结果会变成什么样呢？

在小王爆料了高老师一大堆糗事儿之后，我们竟然反驳她："王姐啊，你这样说就不对了，我也和高老师打过两次交道，我觉得她私底下也很成熟、稳重啊。"

这句话一出口，绝对就像一根针一样，会砰的一下爆发小王下一波的吐槽，她就会提供给我们更多有关高老师的信息。善于运用这种适度的反抗，我们就会从对方嘴里套取更多的信息。

‹ 使用注意 ›

当我们采取适度的反抗，以图获取更进一步信息的时候，要注意反抗不能过量，否则有可能会引起两种反效果：

第一，当我们声嘶力竭地予以辩护，对方心里就会想：只是聊聊天而已。何必这么激动？于是对方肯定也就顺着我们的辩护草草结束对话。

第二，对方看到我们如此积极反抗，也有可能心中一惊："他为什么反应那么剧烈？是不是我刚才讲太多了？看来我还是转移话题吧。"

这两种反效果状况，就是因为我们反弹过大，反而让对方终止提供信息。学会了这种方法，我们在交谈时面对他人提出的不同意见更要在心中明确原则、保持警惕，不要为了纠正对方而说出本不该吐露的信息，犯了孟子所说的"好为人师"的毛病。毕竟，最终需要为我们说出的话负责的不是别人，正是我们自己。

常用句型

●我听说……我就觉得肯定是这样的，毕竟……对吧？（或"难道不是吗？"）

在提出观点时故意跟一句提问，让对方至少得礼貌性地予以回应、发表观点；同时，采用"道听途说"一类不靠谱的由头，让自己的观点显得容易被攻击，引起他人"纠正"的欲望。

● **我就知道是这样的，不会再有别的可能了（或"没的跑"）。**

语气上用自信满满的断言，让对方产生想要纠正的念头。

● **咦，真的吗？那可是我听到的（或"上次那件事情……"）。**

在使用适当反抗策略的时候，尽可能用中立的口吻，只叙述"我听到的部分"和"对方说的部分"的矛盾，引起对方进一步纠正的欲望；但尽量不要提及自己的观点，避免引起两个人之间的直接对立。

如何向老板提加薪

〈 误区 〉

乞求派与威胁派

每个职场人都希望获得升职加薪的机会。如果在一家考核制度比较完整的公司工作，我们其实不需要开口要求涨工资；但大多数人其实都在中小型企业上班，加薪这事儿，如果不向老板张口，那还真就不会发生。如何与老板谈加薪，自然就成为每一个职场人士的必修课。

常见套路不外乎两类：

第一类就是所谓的乞求派，他们会把自己这一年有多辛劳、自己的财务状况有多惨悉数罗列。简单来说，这一派的方法就是"求打赏"。

第二类就是所谓的威胁派，即摆出"我现在很不爽""我被亏待很久了"的姿态，大有"不给我加工资我就离职"的架势。

在职场中，这两种套路都不可取。因为用乞求的方法，我们就是在把加薪这件事情变成老板对自己的同情打赏，不仅自己憋屈，而且还太依赖老板的人品和心情；而用威胁的方法风险太大，因为这明显摆出了"不加工资就离职"的姿态，万一老板死活不加，我们怎么下台？就算他这次被你威胁给你加了薪，日后也肯定对你心有芥蒂。

归根到底，这两个方法都是把谈判的基础寄托在老板的人品上，而这在谈判里是最吃亏的处境。在一场谈判中，最怕的是我们把最终决定权完全交给了对方，而这两种做法，恰好就把自己和对方谈判的权力态势变得太过一面倒了。

❮ 小诀窍 ❯

用确认标准获取主动

第一步：确认加薪标准

这是这套谈判话术里最重要的一步。以一场加薪对话为例：

> 方案1：
>
> 员工："老板，我希望加薪，可不可以？"
>
> 老板："让我先想想。"
>
> 员工："为什么还要考虑呢？我有什么做得不好的地方吗？"

方案1中，员工的问话方式很容易被挡回去，就算老板不使用拖延术，他也可以很轻易地否定员工的要求。因为每个人在工作中总有犯错或者做得不好的地方，只要老板随便挑出一个毛病，就可以顺利拒绝你的加薪请求。这时你能怎样？如果和他开始争执，那这场谈判很可能就会变成不愉快的互相揭短，要想成功加薪就更难上加难了。

方案2：

员工："老板，我想知道，在我们公司里，员工大概要达到什么样的条件才可能加薪？"

在方案2中，员工不是在问自己要做到什么程度才能加薪，而是在问公司加薪的客观标准是什么。要知道，和老板谈判时我们处在弱势，基本上没什么权利和资源进行对等谈判。我们问出来的这个客观标准，却能让自己和老板处在对等关系上。也就是说，此时加薪不加薪不再是老板赏赐不赏赐的问题，而是加薪合理不合理、加多少才算合理的问题了。这是一个员工在和老板谈判时的最有利姿态，也最不伤害双方感情的姿态。

而且，一旦老板自己说出了客观标准，他接下来的对话就不太可能随便搪塞个理由来拒绝我们。可见，这个客观标准，是我们和老板在接下来谈判时最重要的一个战略据点。

第二步：大大方方地和老板讨论自己的工作表现

在知道公司的客观标准后，我们要按照老板所说的标准举出实际的数据或例子，来证明自己已经符合了标准。但有时我们会发现，自己并未完全达标，这时我们需要做的就是进行"条件交换谈判"。

员工："我确实没有达到条件A，但是我在条件B中表现超标啊。我的B表现是不是可以补偿我缺失的那一块，让我加薪呢？"

就算老板不同意，我们也应该适当地强调自己在条件B中的杰出表现，也应该得到一定的奖励。我们要把自己的成绩报告尽量向老板说的客观标准靠拢。

第三步：带着老板"想象未来"

谈加薪的时候，很多员工只是把重点放在自己过去有多拼、成绩有多好上，但说实话，对老板来说过去的已经过去了，老板真正关心的是他的这笔钱投入了，未来可以给自己带来什么回报。因此，这一步就是给他一个未来。

> 员工1："如果我得到加薪，我会在项目A中投入更多精力。"
> 员工2："只要加薪了，我的女朋友就不会一直质疑我的工作前途，也会体谅我常常加班，那我就可以更专注于自己的工作了。"

简单来说，我们要让老板觉得在这么多下属中，老板选择给你加薪，是公司对未来最值得的投资。

〈 使用注意 〉

在这场谈判中，不要把加薪当成唯一的目标。就算在这场谈判中没能顺利加薪，但我们至少已经知道了老板的加薪标准，也得到了老板事实上的口头承诺，即只要达到标准，我们就能够加薪。这是一个很重要的收获。

因为无论是要求加薪还是其他谈判，除了终极目标之外，我们还有阶段性目标。当客观条件不允许马上实现终极目标时，能够把握住一两个阶段性目标也是不错的收获。

上面这三个步骤，未必要在同一次谈话中按步骤依次进行。如果我们希望能够在年终时得到加薪，那么在当年年中，也许就应该悄悄地先和老板开启第一个步骤——确认加薪标准。因为，在确认标准后我们还有半年时间让自己补上进度，贴近老板的加薪标准；同时，对公司来说，给一个员工加薪，就等于第二年公司每个月的成本都会上调。在老板制定第二年预算时，他若没有预留出给我们加薪的那一份，那到时就算再愿意给我们加薪，他也无能为力。

常用句型

● 老板，我想知道，在我们公司里，员工大概要达到什么样的条件才可能加薪？

● 我确实没有达到条件A，但是我在条件B中表现超标啊。我的B表现是不是可以补偿我缺失的那一块，让我加薪呢？

● 如果我得到加薪，我会在项目A中投入更多精力。

所有谈判，讨论的都是条件，而什么时候、由谁、用什么样的理由、以什么方式、提出怎么样的条件，几乎构成了所有谈判的主要内容。下面，我们将介绍几种常见而且有效的提条件的方式。

先发制人的定锚效应

‹ 误区 ›

开价应当后发制人

很多时候我们需要与他人展开一段合作，但由于合作双方彼此之间不太熟悉，或者双方虽然熟悉，却正在涉足一个全新的合作领域，使得双方打算开始的交易在价格上没有定例或标准可循，需要双方从头商定。

在大家都不熟悉的情况下，大多数人会选择"后发制人"的开价策略，在谈判开价时尽量"打太极"，希望对方先开出价格，自己好随机应变讨价还价。举个例子：

朋友小贾在家乡小镇开了一家花店，因为他插花的手艺全镇一流，店铺里的花篮和花束都卖得很好。前不久，有个老顾客登门，想请他为自己的婚礼外场花艺布置提供全套设计服务。他和顾客很快商定了服务的大致内容，可是在谈到酬劳的时候却卡壳了——因为在那个小地方，从来没人做过这种生意，谁也不知道收多少钱合适，于是双方的谈判顿时陷入僵局：

> 小贾："这次外场布置您打算花多少钱呢？"
>
> 客人："我不知道啊，你觉得收多少钱合适？"
>
> 小贾："要不您给一个预算吧，我再来增减一下布置的项目。"
>
> 客人："没有什么预算，关键是效果要好，要物有所值！"
>
> ……
>
> 这样推来推去谈了十几个回合，两人也没谈出个价格。

看得出，后发制人其实并不是所有谈判的通行原则，当遇到案例中这种谈及新业务、新项目，因为市场价格标准模糊而可能陷入议价拉锯战的情况时，一直抱持后开价的谈判策略，反倒使谈判走入僵局。

‹ 小诀窍 ›

率先出价抢得先机

报价的过程是一个心理博弈的过程，果断率先出价反而能在谈判中占尽优势。具体来说，此时先出价至少可以彰显三大优势：

优势 1：先报价，会给对方以"赚到"的心理感受

就拿小贾来说，假如他心理预期的成交价格是 2 万元，如果他先报价 3 万元，顾客可能不会接受，但在随后的议价过程中，顾客只要砍掉一点点价，就会产生"比最开始还赚了"的感受，谈判的进程更容易推进。结果很可能会在比较高的价位，比如 2.5 万元或 2.8 万元成交。反之，倘若对方先开口报价，比如 1 万元，那么小贾每一次试图加价都会让顾客感觉受到损失，总会千方百计地阻止成交价格继续上涨。

优势 2：报价配以合适的方式，能够激活谈判桌上的"定锚效应"

所谓"定锚效应"，就是人们在衡量和判断时，总是倾向于给予最初获得的信息更多的重视，这些最初的信息就像船锚定住船的位置一样，会全程制约评估的进行。

某顾客在商场一家服装店看到一件心仪的外套，要价 5000 元，那么他就会下意识地接受这附近店面的此类衣服价格都"应该"是这个价位。继续逛的时候发现旁边的店面，类似外套标价 6000 元或 4000 元，这都不会让顾客感到奇怪。但如果第一家店的价格是 500 元，那旁边店面动辄数千元的价格就会让他难以接受。

案例告诉我们，因为顾客的心理价位总是被首先看到的标价锚定，这也是在大商场里，同价位的品牌总是倾向于放在同一个区域的原因之一。

优势 3：在果断先报价的一方开口后，另一方想要砍价，就必须讲出理由、给出承诺

再回到本节开始的例子：

> 小贾的顾客还价时可能会说："这个价格确实有点高，你看，只要这次效果好，以后我就多介绍一些朋友到你这儿来买花、做布置，这次就给我便宜点，也算给我婚礼帮了一个大忙，2.5 万元怎么样？"

此时小贾再大方成交，不仅能收获几乎相当于花店两个月销量的大生意，还赚取了顾客再介绍新业务的承诺。

〈 **使用注意** 〉

先报价确实有助于将正常谈判锁定在你想要的价格区间内进行，但如果报价与对方心理预期差距较大，同样也容易吓跑客户。所以在报价前要充分评估对方的心理预期，也可以参照具有可比性的其他行业报价，在合理范围内做出对自己最有利的报价方案。

年轻人要敢于给自己开高价

〈 **误区** 〉

初出茅庐，不如先开低价

每个即将面临就业的年轻人，在踏入职场之前都充满了无限憧憬。有些年轻人怀揣着梦想，琢磨着自己去创业，如开个工作室、小餐厅、培训公司等，给自己打工，图个自在。但经常让他们头疼的一个问题就是：该给自己的产品或者服务开多高的价格呢？开低了，自己不甘心；开高了，又怕把客户吓跑。经济学理论听了很多，可还是不知道该怎么定价。

我们先看一则案例：

小刘妈妈是专业学油画出身。小刘小时候，妈妈带着小刘到公园练画。一张风景画，得花一两个星期。有一天，一位大叔路过他们身边，看着小刘妈妈一副即将完成的作品，就问："您这幅画多少钱肯卖？"当时小刘就想：这幅画怎么着也得卖1000元吧。20多年前的1000元可不是个小数目，而且，小刘妈妈毕业之后就进

153

了电视台工作，并不以卖画为生。要是成交了，这就是妈妈卖的第一幅画，能有这样的成绩已经相当不错了。

在不知如何定价的时候，很多年轻人都会陷入和小刘一样的误区：既然不确定什么价格合适，不然就定个低一点的吧。

这样做的弊端是很明显的：

第一，会降低自己的产品或服务在客户心目中的价值。

第二，就算因为价格较低，销售的速度会快一些，但定低价给自己带来的心理暗示却是消极的；产品的档次和出售的平台完全不同，也容易给自己带来低人一等的感觉，成为阻碍年轻人奋斗的心魔。

第三，低价或许会让自己所定的价格很可能配不上自己提供的服务或产品，最后亏的还是自己。

❰ 小诀窍 ❱

让高价为你开路

让我们继续讲完上面那个故事。

小刘正这么想着，小刘妈妈却已经轻描淡写地说："3000 元。"小刘当时差点没翻湖里去。这位大叔一听，骑上自行车就走了。小刘就问妈妈："您又不是毕加索，一幅画干吗卖这么贵？"小刘妈妈说："作画要有功力，卖画要有魄力。如果真遇到投缘的买家，宁可送画给对方，也不能贱卖了。"

后来，这幅画还真卖了 3000 元。

所以，年轻人，特别是打算或者刚刚创业的年轻人，开始时应该勇于给自己开高价。这样做，至少有三个好处。

好处 1：满足客户多元需求

很多人都以为，客户买东西最看重的是价格。其实真不一定，很多客户最看重的往往是产品的档次和品牌。但怎么判断档次和品牌呢？客户只能通过蛛丝马迹来推测，而价格就是最好的风向标。一般人都觉得，价格摆在这儿，档次就在这儿，一定就有它的不凡之处。这正是高价策略的心理学基础。

与此同时，人总是有虚荣心和社交需求，有些东西是需要向别人展示的。比如，挂在客厅里的字画、摆在办公桌上的工艺品、给老婆买的结婚纪念日礼物等，问起价格时，50 元和 5000 元的感觉肯定是不一样的。虽然说重在心意，但是很多心意需要用价格来体现。所以，千万别怕高价把客户吓跑了，因为高价可能正是他所需要的。

好处 2：帮助年轻人建立职业自信

自信，对于开始闯荡社会的年轻人来说至关重要。有职业自信，更容易获得事业上的发展，而自信心有时是需要外在的东西来支撑的。

敢给自己开高价，就表示我们有底气、有信心自己的劳动就是值这么多钱的。特别是当我们开了高价、东西又能卖出去，而且获得更高的回报时，就会形成一个自我强化的反馈环。于自己，更稳固了职业自信；于事业，有了更充足的发展资金和品牌效应。可谓一举两得。

好处 3：立于不亏之地

很多年轻人会担心：开高价，是不是反而会很容易被别人砍价啊？可是我们要明白，既然是做生意，就一定会碰到讨价还价的人，甚至是讲价高手。而且，很多爱砍价的人，不管我们开多低的价，他还是会觉得不够低，问题不是我们的价格开得高，而是对方这种占便宜的心态。我们开价再低，碰上这种人，他都是要砍的。

所以，我们不妨一开始就定高价，对自己的产品或服务形成自我保护，表明价值，不愿让步，这样传递出去的信号就是："我的产品不愁卖，你不买自然有人买，别回头后悔想买都没了，吃亏的还是你。"利用这样的心态，对方让步的可能性也很大。就算退一万步，真的被对方砍了价，那高价格给自己留下的被砍价空间也会多一些，少赚一点至少不会赔本。这是我们所说的"立于不亏之地"。

〈 使用注意 〉

在这里需要特别提醒大家的是，这则技巧有它的适用范围：

第一，最好是年轻人自己创业做老板，而不是给成熟的企业打工。成熟的企业已经有了自己稳定的营销体系，开高价的策略不一定跟它相容。

第二，我们所销售的产品或者服务，最好在市场上没有完全相同的竞争者，而且没有客观的指标来定价，比如文创艺术作品、设计类、高端服务类等，这样客户没有办法做横向对比，会给我们留下弹性定价的空间。

第三，虽说是开高价，但也不能太离谱，如一条毛巾卖20万元。不排除我们真的能做到，所以还是要和自己的实力相匹配。

而且，这个定价的度自己得把握好，也不要指望一蹴而就。万一一开始定价过高，别觉得不好意思，根据市场反应进行调整就是了。所以，宁可定高了，也别定低了。

常用句型

●您好，我这边的价格是……

在开高价的时候，要表现得果断、坚定，因此简洁地说"价格是多少"就可以了。换个角度想，这也是对客户的尊重——谁会希望自己下定决心购买的产品或服务的提供者，是个自己都对开出来的价格没有信心的人呢？

●抱歉，可能跟您的期望有差别，但它确实是这样的，因为……（或"请您相信这个价格是我……的决定。"）

很多漫天要价的年轻人之所以让人反感，其实多半不是源于价格，而是因为不恰当的态度。高价不等于高傲，也不等于轻佻。所以，有人对价格表示质疑的时候，你需要的是不卑不亢的解释，让他相信你是经过了考虑，认真开出的这个价格。这样就算最后价格谈不拢，也不至于让对方心生不快。

●这样啊，那能请您跟我说说您的想法吗？

最后，身为经验不足的年轻人，开出的高价确实可能会有不妥之处。因此，当遇到客户有理有据的质疑，不妨认真询问他们的真实想法：一则可以通过进一步的沟通获取更多信息，有利于之后的判断；二则也可以从中学习，方便之后进行策略上的调整。

没有人喜欢让步。每个人都希望自己的要求能在谈判中获得最大程度的满足。但有趣的是，几乎没有人能单靠出价而谈成一笔交易，所有人都是靠着成功的让步策略来让对方点头的。

砍价中要学会"掀桌"

‹ 误区 ›

准备不足，贸然掀桌

我们在买东西或是在谈判桌上和人谈条件的时候，对方开出来的价格、条件，如果和我们原本的想法差别不大，那么大家好商好量、各退一步，多半都能达成一致。可要是对方开价与我们的期望相去甚远，我们需要来个"大砍价"的时候，又该怎么做呢？

有一种常见的做法就是"掀桌"。

所谓掀桌，就是掀翻谈判桌，也可以叫翻脸。最常见的就是买东西的时候，你给我个价，我嫌贵，扭头就走，等你在我身后喊"回来回来，我给你打五折"。但是，我们会发现，很多时候我们扭头就走了，然后就真的走了，因为没人叫我们回来！

这种假借条件不合就掀桌翻脸、逼迫对方让步的方式，很容易弄巧成拙。而这其实是源于我们没有意识到，掀桌前也是需要做一些准备工作的。因为如果对方压根儿就没和我们处在一张谈判桌上，或是并没有什么无法接受的翻脸成本，我们这时候掀桌，自然很容易就会掀空了。

〈 小诀窍 〉

掀桌砍价三步法

在谈判中，我们如何把桌掀好呢？从下面这个案例中，我们可以清楚理解砍价时掀桌的三个步骤。

一个朋友特别会砍价。如果在商店看到一个心仪的东西，他会很小心地拿起包装盒，反反复复看很久。如果身边有朋友，他还跟朋友交流几句，流露出对这个玩意儿的喜爱。他也会跟店家聊，但绝不开口问价，都是在问跟这个商品有关的细节，一直细到保修能保多少年，说得好像已经买了一样。同时，他还会很不情愿地表达出一些犹豫，哼哼唧唧地说："老婆对于我总是买这样的东西很不爽""我自己其实并不需要它"等。

到最后已经把钱包从兜里拿出来放手上了，他才开口问店家："我要付你多少钱？"而不管店家报出什么价格，如1000元，他都会立刻做出极度震惊状，并迅速把钱包收起来，一边对店家说："开玩笑呢，要我命呢！"一边对朋友说："唉，可惜了。"

这个时候，店家要么会立刻抛出一个大折扣，要么会说："那你说多少钱好了。"而我这位朋友就可以十分从容地说："我原以为，一两百元就搞定了，谁知道这么贵啊，买回去还不得跪搓衣板啊？但我确实挺不好意思砍价的，这样吧，400元，我也不勉强，不行我就当认识个朋友。"

整个过程持续10~20分钟。在这个过程里，这位朋友十分完整地完成了三个步骤。

第一步：表达上桌意愿，把对方也拉到谈判桌上来

正式谈价之前，一定要充分流露出自己的交易意愿，给对方制造一定的成交预期。因为，如果我们只是简单地在店里逛一圈就出去了，他最多只会觉得自己少赚了一笔钱，没多大事儿。但如果我们先给对方一种稳赚的感觉，然后再突然撤出，他会觉得自己亏了。为了止损，他肯定愿意给我们让步。

所以，案例中的朋友，一开始就充分流露出对商品的喜爱，给店家营造出一种"这钱赚定了"的感觉，一步步地增加对方的沉没成本。

第二步：等对方上桌，再讲出还有不太友好的其他人也在桌上

一方面，这是为之后的掀桌埋下伏笔；另一方面，这也是设立安全网，避免双方直接对立，让对方依然和我们在同一条船上，从而在掀桌后继续谈判。比如，案例中的朋友就把责任都推给了他老婆。

第三步：条件成熟，果断掀桌

在对方给出条件后，我们的态度就得来个大逆转。从原来的极度开心变得极度不开心，让他迅速对自己产生怀疑。这时候，店家就面临一个选择，要么交易取消，他之前投入的期待、陪你聊天的时间就全成了沉没成本，他不仅没赚，而且还亏；要么继续交易，但他就必须接受我们的断崖式砍价。

当然，这三个步骤不是每次都成功，因为我们自己报出的价格总得落在对方的底线之内。而即便不成功，我们也是有退路的，我们完全可以做痛心疾首状，说："今儿我就不管我老婆了，老板，就按你的价买了！"

而相比之下，那些一进店就问价，然后砍一半的传统做法问题在哪儿呢？第一，前戏没做足，压根儿没把对方拉到谈判桌上，这笔买卖成不成，对方根本不在乎；第二，没有设置安全网，虚拟一个第三方敌人。如果你只知道掀桌，把对方一脚踢开，当然效果不会好。

明白了这一点我们就会知道，很多时候谈判不成功，并不是因为我们哪句话没说好，而是在表达策略上没有一个清晰的布局。

日常生活中，其实很多人也会有这样的问题。

> 比如，一个朋友说："老板总是砍我的项目、否定我的工作，我该如何跟老板翻脸呢？"其实，这哪是翻脸的事儿啊，这就是一场谈判。而这位朋友就应该在项目一开始的时候把老板拉上谈判桌。他应该天天营造项目成功后的愿景，模拟项目过程的挫折和解决方案，并不断和老板交流看法，直到问出老板的参与感和同理心。就算最后真出了什么问题，老板也会觉得这个项目自己也有份儿，就没那么轻松可以全盘否定他了。

很多人也会通过递辞职信的方式希望公司挽留，来要求升职、加薪，结果很多时候就真的辞职了。原因就在于，在递辞职信之前，他们没有造出一张安全网，没有制造一个台阶、一个让公司可以帮他们解决的问题。所以，即便公司想挽留他们，也想不到什么理由。

所以，掀桌的核心不在于掀桌这个行为，而在于"先把对方请上桌"和"营造一张安全网"。掌握了这两点，再配合最后的掀桌，不仅会让我们掀桌时更有威力，也能让我们失败后全身而退。

‹ 使用注意 ›

成功的掀桌策略往往能使我们在砍价时获得一定优势，但这并不意味着掀了桌，就一定会成交了。一方面，如果你掀桌后开的价格或条件过于离谱，反而会让对方怀疑你的诚意；另一方面，即使对方同意让步，他的让步幅度也未必能一次达到你最初的期待。

所以，摸清对方的底线，在掀桌后开出合理条件；明确自己的底线，在与对方的后续谈判中保持思路清晰，是在使用掀桌式砍价时最需要注意的。

常用句型

• 这个东西我真是一看就喜欢（或"我最近好像刚好需要一个"）。

在表达时，措辞上要强化主观意愿，或从内容上制造客观需求，让出价方充分意识到你的上桌意愿，从而增加他们上桌的可能性。

• 唉，可惜这个月花钱实在太多了（或"不过要是买了就没钱买机票回家了啊"）。

制造矛盾焦点作为你们共同的敌人，为之后的掀桌、再沟通做铺垫。

• 什么？你在开玩笑吧？（或"哈哈哈，那算了。"）

在掀桌时，可以用诸如震惊、哂笑、表示荒谬的姿态来表达你的态度。只有桌掀得坚决，才能迫使对方让步。

跳崖式让步法则

‹ 误区 ›

"挤牙膏"

在生活中，其实每个人都有过谈判的经验，最简单的讨价还价也是一种谈判，而谈判本质上就是一种"寻求让步方式"的艺术。以我们日常生活中的讨价还价为例。

> 商店老板："这个 200 元。"
> 顾客："100 元行不行？"
> 老板："180 元吧！"
> 顾客："120 元行不行？"

一般情况下，顾客都是从起价开始，每次加一点，不行再加一点，直到双方都满意为止。这种像爬楼梯一样，一阶一阶逐渐登高，我们称为"循阶式"或者"挤牙膏式"的让步。这就是我们之前所说的一般人最常用的让步方式。

人们之所以会喜欢使用这种挤一下、让一点的方式来谈判，主要是因为我们都怕吃亏，怕自己一口气加码的幅度万一超出对方预期，就会让人家捡到便宜。同时，我们也怕自己在一开始的时候让得太多，到了后来就会缺少筹码。

再举个例子。电视剧《欢乐颂》有一段剧情是这样的：

> 女主角樊胜美的父母重男轻女，为了解决自己儿子的问题，不惜一次又一次地逼女儿出钱出力。而女主角则是百般抗拒，说自己实在没办法，直到实在受不住家里苦苦相逼，才每次又多凑出一点点。但这种挤牙膏的方式却出现了大问题：樊胜美每次让步时都会强调这是最后一次，也就是达到她的底线了，但一等到压力来临、谈判濒临破局时，她又会再多让一点点，以致之前那些警告与声明都变得毫无意义、毫无威胁性。

好好说话

其实，当我们发现自己的谈判对手是那种挤一下、让一点的个性时，就算我们真的快要踩到了对方的底线，肯定也不会相信，我们肯定会再给他点压力试试看。所以，那些喜欢"挤牙膏"的人，虽然原本是怕吃亏，但结果往往是使自己在不知喊停的对手面前一次次地越让越多。

❮ 小诀窍 ❯
跳崖式让步

所谓"跳崖"就是：一开始我们一步都不退，等对方的压力累积到了一定的程度后，再一口气做出一个戏剧性的大让步。还是上面的例子：

> 一开始，老板说："这玩意儿得卖 200 元。"
>
> 顾客说："太贵了，我只出 100 元。"
>
> 但此时，老板说："不行，我这货品真的就是值 200 元，少一元都不行。"
>
> 结果，谈来谈去，老板始终坚持就 200 元，不要拉倒。这是老板和顾客已经磨了大半天，最后，老板叹口气说："好啦好啦，时间不早了，我要准备打烊了，看你这么有诚意，想必是个识货的。算了，我爽快点，利润不要了，贴本卖你吧，一口价 160 元。"这时，顾客肯定不好意思说"再减 5 元吧"。

这就是跳崖式让步，它包含了三个元素：

> 第一，咬定自己原本的底线，累积压力，不轻易退让。

164

第二，出于某种特殊的原因我们突然松动，愿意一口气做出大幅的让步，但也因如此，这个特殊的让步是仅此一次的。

第三，要表示出决绝的态度，要让对方明白，如果在已经做出大幅的让步后还要再还价，就未免欺人太甚了。

相比之下，"挤牙膏"式让步是我们在遇到压力时轻言退让，每次又只让一点点，使人毫无感觉，只觉得我们就是欠敲打；而跳崖式让步则是用一个明显有感觉、有落差的让步，让人觉得这个机会不把握就没有下次了。而且，相较于我们之前态度的强硬，现在对方反而得领我们这个情。

再回到《欢乐颂》中樊胜美这个例子：

> 樊胜美如果要跟家人谈判，比较好的做法应该是先喊穷，不管家人怎么把她当牙膏挤，总之，自己一分钱都不给。然后，等家里的压力累积到了一个程度后，再用某个无法轻易被复制的理由，比如意外的项目奖金全数汇给家人。这时，家人会不会很开心？会。会不会觉得她毕竟还是顾家的？会。但他们会不会觉得，以后继续逼樊胜美，就能让她继续有像这样中彩票式的运气？不会。

❮ 使用注意 ❯

跳崖式让步最关键的就是在一次降价之后绝不能再降，不然之前的努力就会全部白费，又进入挤牙膏式的循环。另外还需要注意的是，跳崖式让步的理由必须精心选取，必须要有独特性。仅此一次，下不为例，更能让人信服。

常用句型

- 不早了，今天急着打烊，这次不挣你的钱了，xx元成交吧。
- 算了，不浪费时间了，爽快点，xx元你看看买不买吧。

当谈判陷入僵局，每个人都会陷入焦虑。其实，确认什么东西不需要谈，也是谈判的进展之一。

所以，当我们彼此的冲突一时无法化解的时候，与其冒着触礁的风险急着推动进度，还不如试着转化或搁置主要矛盾，从其他虽不相关但还谈得下去的议题入手。

化解谈不下去的危机

❮ 误区 ❯

同义反复

谈判桌上双方经常各执一词，彼此都不愿让步，进而使得谈判陷入僵局。在这种情况下，要怎么才能化解僵局，让谈判继续进行下去呢？

很多人在谈判进入僵局时，只会重复同样的话试图让对方改变。这是不切实际的想法。当谈判进入僵局时，重复同样的话只会让场面越来越僵。

❮ 小窍门 ❯

寻找原因

其实谈判陷入僵局的原因不外乎三种。有两句话可以让大家绕开这三块挡住谈判的绊脚石，从而突破僵局。

第一句话："咱们都是爽快人，这事儿今天就定下来，好不好？"

这句话听上去平淡无奇，但其实是柔中带刚，可以帮助我们探测出对方谈判的意愿有多强。先看一个例子：

在谈判桌上，双方僵持住了。

甲方说："咱们都是爽快人，项目成不成，这次就定下来，你说好不好？"

乙方说："也不一定吧，咱们还是走一步看一步比较好。"或者说："嗯，这可能不行，我下午4点得回去跟老板汇报。"

看出来里面的玄机了吗？乙方这么说，很可能是没想跟甲方谈太久，这就有可能是谈判中的第一块绊脚石——没意愿。具体来说，乙方一听甲方开出的条件，大概判断成交没戏，可是又不想显得太没诚意得罪人，通常就会这么回答。同时，这句话还可能帮我们探测出谈判中的另一块绊脚石——没授权。也就是说，对方其实没有拍板做决定的权力，很可能只是老板派来压低价格或者收集情报的先锋，实际是做不了主的，所以需要和老板商量才能答复。

如果乙方说："好啊，咱们达成共识再离开。"很明显，这个回答就有诚意多了。我们可以借此来判断，乙方想达成交易的可能性很大，而且也不排除还有让步的可能性。

这里要提醒一下，这句话的关键只是试探乙方的反应，至于甲方是不是真的离开房间并不是重点。

第二句话："想想有什么新方案，咱俩都能接受。"

这句话一出，可以帮助我们测试谈判中可能出现的第三块绊脚石——求独赢。好的谈判讲究的是双赢，各取所需才能合作愉快。但有些人的谈判理念比较霸道，认为谈判就是全力以赴争取自己的利益最大化，他的逻辑里没有"双赢"这个概念，只有"独赢"的追求。这句话，就可以帮助我们探测出对方是个求双赢还是求独赢的人。

同时，这句话也营造了一种比较友善的气氛，即把眼前的僵局当成是双方共同面对的问题，而不是双方对立的结果，能够明显改善谈判的氛围。在这种氛围下，我们其实也在用这句话提醒对方，要打破原有的思维框架，换位思考，从而提出新的方案。举个例子：

> 我们和朋友去租房，房东说："月租6000元。"
>
> 我们觉得贵了，跟房东还价："哎呀，大哥，6000元太贵了，5500元行不行？"
>
> 房东不答应，说："6000元已经很便宜了，附近差不多的房子比我这个还贵。"

处理方式会有两种。

方式一，也是大部分人的处理方式，就是反复跟房东磨："太贵了！您便宜一点吧。"这么谈，往往只能一直在僵局里打转，白浪费时间。

方式二，我们可以这么说："咱们都想想，还有没有其他办法，既可以让您有的赚，我们也能接受？"如果房东坚决不退让，说："不用想了，就是6000元，不能再便宜啦。"那就说明房东很可能就是那种"求独赢"的人。

如果他说:"好吧好吧,5500元可以,但要租两年,怎么样?"这就是房东提出了一个新方案,不再纠结于租金,而转向了租期。即使我们对这个方案仍然不满意,那也有了进一步讨论的平台,不会僵持在原先的地方毫无进展。

可能有人想问,创新方案,自己主动提就好了,需要特地问对方吗?你要知道,谈判双方难免会有信息不对称的情况存在。我们知道的,对方未必知道;对方想到的,我们未必想得到。所以,多一个人想,就多一份打破僵局的力量。可见,这个时候问对方就很有必要了。

了解了谈判陷入僵局的原因之后,虽然不能说日后就会一帆风顺,但至少眼下的僵局可以化解了。

这两句话就是想告诉大家,谈判的双方的话语权应该是平等的。我们手里的筹码可以没有对方多,但话语权却不能比对方少,而情报和信息就决定了我们的话语权。知彼知己,才能百战不殆嘛!所以,谈判遇到僵局,先别着急改变自己提出的条件。不妨先通过试探,收集对方潜在的信息,拉平双方的话语权之后再做打算。

❮ 使用注意 ❯

谈判从来没有万全的方法保证一定成功,我们要做的是提高成功的概率。另外,如果对方确实缺乏诚意,那我们就真没必要空耗下去,谈判的小船该翻就翻,果断地结束,让它直接破局,也是一种打破僵局的方法。而且这也不代表前面的努力就都白费了,在这次谈判中收集的信息、积累的经验,都能帮助我们在下次谈判中好好发挥。所以,纵然这一次没谈成,也不是一无所获。

常用句型

- 咱们都是爽快人，这事儿今天就定下来，好不好？
- 想想有什么新方案，咱俩都能接受。

把是非题变成选择题

〈 误区 〉

是与非，非此即彼

一个朋友刚到了一家新单位，而主管总是喜欢把工作都交给他。这当然也不算什么坏事，因为至少代表他很能干，只不过当工作一件又一件地交下来越积越多，这位朋友就有点受不了了。他想主动拒绝，但面对主管又不知道该如何开口。

在没有特别练习的情况下，人与人在谈判的时候，常常都会不自觉地把一件事情的"做与不做"简化成一种毫无转圜余地的"是与非"。比如，老板交给我们一项新工作，我们要么接受、要么拒绝，这就是是非题；再比如，我们跟别人谈生意，对方问能不能便宜一点，而我们要么接受、要么拒绝，这也是是非题。

但是请注意，只要一个问题变成了是非题，那往往就意味着有人输、有人赢。比如分派工作，在是非题中只有两个结果：一种是老板被我们拒绝，另一种是我们被老板拒绝。而没有人会喜欢输的感觉，所以在是非之外，一定要寻找到别的东西。

《 小窍门 》
把是非题变成选择题

对于案例中的那位朋友，下次主管交给他新任务的时候，他可以这么说：

> "主管，因为我现在手头的案子已经很多了，虽然您要我再接一件也没问题，但在执行上品质就不太可能保持跟之前一样，这样行吗？"

这条建议我们既没有说要拒绝接受任务，也没有向主管诉苦自己太忙了，我们只是很巧妙地暗示出一个选择：您要我做可以，但品质与效能，您得选一个。这样就不是是非题，而是选择题了。无论主管选了哪一个，我们都能从中受益，要么接下任务，但做得可以不用那么认真；要么主管收回成命，交给其他同事处理。

在跟客户谈生意时，一到对方老在问"可不可以再便宜一点"的时候，我们应该认真地点头附和他说："没问题啊，这本来就是要看您更在意的是质量还是价格嘛。"这道是非题一下子就转变成了"要质量还是要价格"的选择题，而原本针锋相对、貌似"有人输就要有人赢"的是非争论，也不动声色地变成了"那咱们看看怎么选最好"的沟通协商。

另外我们要注意，当一个问题以是非题的方式呈现时，我们一遇到挫折，就会喜欢向外找理由。比如，我们希望客户降价，但对方说："不行，这已经是最低价了。"这时候我们就等于被拒绝了，心里会想：这家伙不够意思啊，我们是老客户啊，就他们这破玩意儿还卖那么贵。

但同样一个情况在它变成选择题之后，人的思维就会被条件化，会从自己这边找原因。比如，我们问是否能便宜一点，对方说："没问题啊，因为有人在意质量，有人在意价格，很正常嘛。"这时候我们总不能说："呸，我就是又要不给钱，又要质量好。"所以，当一个问题呈现出来的是选择题的时候，无论我们怎么选都会变得向内找理由。也就是说，如果选择"价格便宜点"，我们心里就会想："是啊，我平常用不到这么好的东西，买那么贵干吗，还是把钱花在刀刃上吧。"反之，如果选择"质量好"，我们心里就会想："一分价钱一分货，买了不好的东西，坏了到时候还要换，自己用了不顺心，毕竟品质还是最重要的。这个钱该花就要花。"

总之，人在面临选择的时候都会把自己的选择合理化，自己会给自己一个理由。善于利用这一点，就可以更容易地达到自己的目标。

‹ 使用注意 ›

要注意使用的时机，不要被误解为推脱责任。借用最开始的例子，假如工作不是真的忙得做不过来，用这招反而会让人觉得你在推卸责任。使用时还需要配合其他技巧，才能顺利地让别人按照我们的选项进行选择。

常用句型

- 其实不是我说能不能便宜点，是要看您要的是质量还是价格啊。
- 当然这个我也可以做，但是时间这么紧，执行的品质可能不太高。

要辞职，怎么说

〈 误区 〉
反正都要辞职了，畅所欲言吧

职场中，辞职已经是很常见的现象了。在流动性越来越强的今天，现代人平均 4~5 年就会换一份工作，而大学毕业的年轻人，很多两三年就会换一个环境。

马云说："员工的离职原因林林总总，只有两点最真实，一是钱没给到位，二是心委屈了。归根结底就是干得不爽。员工临走前还费尽心思找靠谱的理由，是为了给你留面子。"这话说得很好，但却是站在老板角度说的；作为员工，你如果真把委屈都说出来，恐怕总会被当成是刺头。

许多人觉得，既然要辞职了，何不畅所欲言？但我们要知道，职场是个小圈子，在我们身上黏的最久的评价不是面试时留下的印象，而是离职时留下的印象。这时候得罪人，其实是很不合算的。对我们来说，每换一个工作，应该是一种资历与人脉的养成与积累，而不是和过去彻底断绝。所以，如何好好地辞职尤为重要。

〈 小窍门 〉
教你优雅得体

要素 1：告知去处

辞职时，领导总会问："接下来怎么安排啊？"如果我们希望在离职后依然保持过去经营的人脉，那对于辞职后的计划最好不要隐瞒。有人已经签好了下家，却说自己要出国留学，迟早会被拆穿。之前那个留下一句"世界那么大，我想去看看"的女教师，结果辞职后压根儿没去哪儿，而是结婚了，这就很尴尬。

要素2：慎选理由

最具破坏力的辞职理由，恰恰就是马云说的那两点：薪资水平和人际关系。"那边给的钱比这边多！""这边的人让我觉得憋屈！"这样的理由一旦出口，麻烦就来了。举个例子：

> 某人确定辞职后和领导说："我的薪水不够高。"
>
> 领导很容易就会说："你觉得钱不够，我们可以加啊。"
>
> 某人还得拒绝啊，只能说："不行，我还是想走。"
>
> 领导说："这样都不行，那你想要多少？"

此时，领导当然会开始不满，要么觉得你不说实话，要么觉得你贪得无厌。而且，如果这样的理由未来传到了新公司，对你的形象也不好。

如果换一种说法，比如"公司同事不好相处"，这个理由一样很糟糕。主管和同事不会因为我们的评价而改变性格，他们只会改变对我们的评价，认为我们爱挑剔、不好管理、要求太多。

如果我们憋不住非要说，可以这么说："我不太适应公司的文化，大家很内敛，沟通较少，而我很外向，个性不太一样。"

你看，从自己说起，这样的理由就会温和很多。

要素3：表示感激

我们要让领导知道，我们很感激他对自己的培养和照顾。我们可以谈谈这段时间在公司的收获，谈谈自己有了哪些成长。辞职以后，我们和领导的关系也从当年的从属关系变得平等，他是我们在行业里的前辈，我们是他培养过的新人。没了利益关系，我们也可以坦诚地问问自己未来的发展、自己曾经在工作中暴露过哪些不足。碰到负责的领导，会给我们解答不少疑惑。这一次谈话，或许就是我们未来提高的契机。

如果辞职前的谈话没那么融洽，对方指责我们不够忠诚，我们也只需要表示遗憾，无须争辩，因为立场不一样，他不会接受我们的辩解。还有一点需要注意，我们表达感激，是在体现我们在职场上的专业态度，不要因为谈到了感情就觉得辞职二字说不出口。辞职就是辞职，工作就是工作，别因为聊到感情而拖泥带水，也别因为感情而反反复复。

《三国演义》里关羽的例子，就是辞职的典范。

> 关羽封金挂印，辞别曹操去追寻旧主刘备时，留下的就是一封言辞恳切的辞呈。他先是说："我年轻时侍奉刘备，发誓同生共死；之前对您的请求已被恩准，今天得知旧主在袁绍军中，想到昔日的誓言，不敢违背。"——这是在"告知去处"。
>
> 之后关羽说："您的恩德深厚，可之前的义气难忘，故而写信告辞。"——他把离开的理由归结为义气难忘，这是"慎选理由"。
>
> 最后关羽收尾道："承蒙照顾，还有恩德没能报答，就留给未来吧。"——这是"表示感激"。

这封辞呈成为后世的一段佳话，关羽没有受到刁难，走后曹操还亲自追赶挽留，赠送礼物。他们能好聚好散，一方面是关羽的辞职理由不错；另一方面，是关羽在职时杀颜良、斩文丑，认真负责地做出了成绩。这些都值得我们参考。

❮ 使用注意 ❯

　　讲了很多，但说到底都是为了让辞职顺利，也能给自己带来收获。其中最关键的其实是平和的心态，切不可因对方的指责或者挽留就自己先乱了阵脚、语无伦次。

常用句型

- 接下来我打算去……（告知去处）
- 您虽然不理解，但我还是很感谢您这些年对我的照顾。（表示感激）

05.
演讲
靠语言的力量赢得观众的好感

在五维话术体系中，演讲是形式最简单，也最能明显体现一个人是否会说话的一项。因为虽然人人都会说话，却很少有人敢于、善于对众人说话，做到自信、流畅、清晰、生动地表述。

首先，你要做到克服公开演说的紧张感；其次，你要满足观众期待，达成预定目标；最后，你要用你的表现力和渲染力凭空营造出一个或感动、或轻松、或肃穆，并且能够有效传达信息的气场。而这一切，都是仅凭你的语言来实现的。

是不是很像魔术？世界上本来没有魔术，练习得多了，手法精湛到一定程度，在别人看起来也就是魔术了。本章就教你一些扎扎实实的小技巧，把这个"魔术"一步步变成现实。

紧张，是演讲的第一道难关。不管是事先有所准备，还是临场发挥，无论你的性格是外向还是内向，甚至不管你是老鸟还是菜鸟，都难免有一定程度的紧张。要消除紧张，首先，你要对演讲中疏失的真实伤害有正确评估，也就是不要过高估计它的严重性；其次，你要对自己有正确认识，要知道即使是内向的性格，也有独特的优势；最后，你还可以用"故事性陈述"的技巧，避免脑子一片空白的尴尬。

别把出错当回事

❮ 误区 ❯

重点都放在了尴尬上

紧张这事儿，说来也怪，人家越叫你别紧张，你就会越紧张。许多人在公开场合讲话，总是担心会出错误，害怕场面变得尴尬，觉得自己的小错误在大家眼里就是大问题，拼命想掩饰这种紧张的状态，结果往往将紧张暴露得更加明显。

在出错了之后，还有人会努力解释这个错误，想让大家接受。但实际上，这种做法反而将大家的注意力更加聚焦到这个错误上来，本来能被接受、被原谅的错误，在一再解释中变得格外醒目。

❮ 小诀窍 ❯

别把错误当回事

　　想要应付这种紧张，或让尴尬局面尽快过去，你得先明白一个道理：人都是以自我为中心的，就算你在台上讲话，也没谁会像你自己想象的那么关注你。也就是说，首先，你自己不示弱，没人看得出来你有多紧张；其次，你就算真的弱掉了，也没有人会像你一样觉得那么严重。

　　举个例子，如果你看那些高水平演讲的视频时，留神仔细盯着看讲话人的手，你会发现——基本都在抖，特别是拿着稿纸的时候，很多人都会抖成筛糠。这就是紧张嘛，可是如果不仔细观察，你肯定也不会发现。为什么？因为作为观众，你很少能留意到演讲者到底有多紧张。

　　反过来说，当你处在类似演讲的公开表达场合时，你要记住，观众根本看不出来你有多紧张。既然人家看不出来，你也就不用再花力气刻意掩饰。进一步说，就算你一不小心出了差错，也尽量不要当场纠正，因为大多数情况下，台下的听众根本就不知道，就算知道，也不会像你自己那样在意。

　　著名主持人何炅老师有一个经典的救场案例。某电视节颁奖礼的隆重现场，主办方启用了高科技的触屏电脑，给嘉宾查阅并宣读获奖名单。设计很高大上，可是偏偏在宣布某个重要奖项的节骨眼儿上，这个电脑死机了。嘉宾在台上一脸茫然，亿万观众守在电视机前看着直播——你说尴尬不尴尬？

　　这时候，现场主持人何炅老师是怎么处理的呢？很简单，人家愣是没当回事。他就说了一句话带过去了："其实除了最炫的高科技设备，我们也同时准备了最原始的手段。"然后麻溜地换上装好获奖名单的信封，整个颁奖礼也就顺利地进行下去了。

这个场面回想起来尴尬得要死——那么高大上的设备不能用，就像是激光炮换回鸟铳①，本来是特别滑稽的一件事，可是人家自己没当回事，也就带着观众不拿这当回事了。电脑死机了？正常啊，谁没死过机啊；备用方案很烂？废话，备用方案嘛，你指望它好看到哪儿去；伪装高大上失败了？常见啊，谁还没有遇到过精心准备的环节突然失效的经历呢。

既然是无心之失，既然大家时常都会遇到，观众就不会那么敏感和在意，就算有人起哄，大多也不是恶意的。所以，表达的时候你大可以坦然一点，哪怕不像何炅老师那么机智，比如你就干巴巴地讲两句："对不起，电脑故障，我们得换老办法来宣布结果了。"效果也比拼命掩饰要好得多。

这个原则不仅适用于演讲，工作中出了差错的时候，这种坦坦荡荡的态度也是最好的应对策略。不是说你没皮没脸、无动于衷，而是不能反应过激，否则会错上加错。

比如，老板批评你："昨天提交的报告，错别字有点多哦！"你最简单也是最合适的回应，就是老老实实说一句："实在对不起，确实有点多，下次我交报告之前一定仔细检查。"

可是有些人偏不这样，由于紧张，他们总觉得这样坦然接受错误不够味，非要给自己加戏。他们会觉得，出了这么大的事，我要证明我态度诚恳，我要表示我意识到错误严重，怎么做到呢？跟老板交心呗——我为什么错这么多、最近有什么心理变化、生活压力有多大、新人做事有各种苦恼、为什么我会放松对自己的要求……晚上不睡觉也要

---

① 鸟铳，一种旧式火器。——编者注

跟老板发短信诉衷肠。老板本来没介意，经过你的一番解释就会变得介意了。为什么？因为你的拼命解释，在你看来是诚恳，在老板看来，是在逼他原谅你，甚至还要反过来安慰你，你说他生气不生气？

你可能会问：那万一人家在意呢？我不该多解释两句吗？其实前面的三个例子，演讲、颁奖、工作，都是信息高速流转、关注点不断变迁的场景。除非真的别有用心，否则没人有那个功夫把注意力盯在你的错误上。同样，在信息爆炸的当下，我们连长微博都不愿意读完，生活中偶尔的小错误，谁又愿意被你揪着，没完没了地听你解释呢？更何况，误会才需要澄清，错误只需要承认。除此之外，任何解释其实都是把错误点撕得越来越大，让本来会被遗忘的地方变得无法忽视了。再举两个例子作为对比。

当年，高晓松酒驾引发追尾事故，入狱受罚。面对公众时，他是怎么回应的呢？七个字——对不起，永不再犯。此外没做任何多余解释。结果，这件不算小的事件也很快被淡忘，时至今日也没对高晓松老师的生活和事业造成多大影响。

相反，同样是著名艺人的陶喆，在就个人出轨事件道歉时不仅解释得连篇累牍，居然还制作了详细的PPT[①]——这下好了，观众是想忘也忘不掉了，就算忘了你做错了什么事，也忘不掉"拿PPT道歉"这个噱头。

所以，不管是在演讲还是在生活中，我们遇到一些小的尴尬和错误，最好的技术就是不用技术。大方坦然，效果就不会差——万事别紧张，没人会在意。

---

① PPT，Microsoft Office PowerPoint，是微软公司的演示文稿软件。——编者注

〈 使用注意 〉

演讲时，不妨把自己当成一个善意的观众，只要你从这个角度去看不是什么大问题的错误，就不用担心有什么负面影响。但是，如果这个错误大到会对你的演讲有整体性的伤害，比如记错了关键数据、念错了嘉宾的名字，那当然是要第一时间诚恳致歉。忽略致歉这个环节直接转移焦点，容易给他人形成不负责任的印象。不过你仍然要记得的是，即使是致歉，重点也应该放在展现态度，而非解释具体原因上。还是那句话，你不是宇宙的中心，没人真的在意你到底为什么会犯这样的错误。

常用句型

- 这里有些小问题，不过不重要，我们来看下一个话题。
- 没关系（这个小错误并没有太大的影响），我们继续。

这类型句式的思路是：承认这是个问题，然后带领观众的注意力走向下面的环节。

内向也能掌控全场

〈 误区 〉

因为内向，所以不说

很多当众演讲的高手都有极强的感召力和表演性，这使得很多人以为，演讲是性格外向者的专利，想把一个从小就天性木讷的人培养成舌灿莲花的演讲高手，这不科学。

其实，性格内向并不是问题，发现不了内向性格带来的优势才是问题。任何性格都可以找到适合自己的说话方式，而且只要你善于发挥自己的优势大胆去说，就会越说越有自信，最终甚至有可能让性格也随之改变。

从起点来说，很多内向的人之所以一辈子都解决不了说话这个问题，就是因为他们对自己的内向性格如临大敌、太过紧张。同时，他们又认为说话的技能没法练习，把不敢说话当成了自己无法克服的弱点，在生活中刻意避开。嘴越笨就越不敢说话，越不敢说话嘴就越笨，于是陷入死循环。

〈 小诀窍 〉

利用性格特点，塑造合适形象

总体来看，性格内向的人在说话上有以下几点优势：

第一，在表达上，内向的人的确有缺陷，但是这个缺陷并不致命，甚至挺可爱，因为你只是嘴笨，又不是脑残。而且大多数观众跟你一样，也不习惯公开演讲，在这一点上你其实还挺有观众缘的。

第二，只要别人接受你是个内向的人，那只要你表达出 70 分的内容，大家会默认你心里的东西其实是 90 分，因为内向嘛，茶壶里煮饺子——心里有数说不出。这种听众的自然加分，是你最大的优势。

第三，内向的人平时不善交际，有大把的时间做自己专注的事情，特别符合我们心中对于专业人士和工匠精神的定位。那一听就巧舌如簧、言语流畅的，反而会因为用力太猛，容易给人形成不靠谱的印象。

具体来说，内向的人在演讲中应该如何表现，才能发挥自身优势、变被动为主动呢？有三个步骤，让我们轻松搞定一场演讲，妥妥掌控局面。

第一步：自嘲

要知道，化解紧张情绪最直接也是最有效的办法，就是把那个让我们紧张的因素摆到台面上来说。而内向这个缺点，是听众最能接受的，因为大多数听众跟我们一样，都害怕公开演讲。所以，上来先拿自己开涮，直截了当地告诉观众你就是内向、就是紧张，你就跟大多数观众坐在了同一条板凳上。通过自嘲，既能获得观众的同情加分，又能缓解自己的紧张，一举多得。

比如说你可以这么开始一场演讲："不好意思，我特别害怕人多的时候讲话，因为我从小特别内向，但是今天有不得已的理由，因为我要讲的主题真的非常重要。"

短短几句话，劣势就变成了优势，之后再有什么瑕疵，大家也比较能包容，我们也就不用那么紧张了。

第二步：建立信任

这里需要先明晰一个思路：外向的人演讲，是先让别人喜欢自己讲的话，再让别人喜欢自己；内向的人演讲，是先让别人信任我们，然后才是顺带着也喜欢我们讲的话。二者的努力方向是完全不同的。

内向的人由于比较专注于自己要讲的内容，不容易受外在环境的影响，反而有独特的优势。我们不需要考虑怎样添油加醋，也不需要想着怎么取悦观众制造噱头，而只需要老老实实告诉大家，对于演讲的主题我们做了多少研究、投入了多少时间和精力、有什么实际的工作和生活经验、取得了什么样的成绩。这些东西用不着绘声绘色，都是可以用实打实的数据和事实说话的；实在不行，还可以上道具、演示图表等视觉辅助物。

你可以试着脑补一下袁隆平教授拿着水稻上台演讲，而且讲的净是干货。那种朴实农民不善言辞的形象，绝对不是减分项，而是加分项，这比专门去学演讲、学朗诵的效果好得多。因为观众直觉上就会比较信任那些内向但是实诚的人，而信任是获得良好演讲效果的关键。

再举一个例子。早年间市场上卖菜刀的，流行让哑巴来推销。哑巴什么都不说，只是坐在那儿用刀操作、演示剁钢丝、剁玻璃、剁骨头，反正什么硬剁什么，动静越大越好。反之，如果一个正常人坐在那儿边说边剁，反而是越说得好，越达不到效果。对于内向的人来说，数据和事实的干货就是他们手里的菜刀，所以，呈现这些干货的手段越简朴，越能显示出它们的价值。

第三步：由小见大

演讲中最关键的，就是把演讲的主题引到自己关注的小事上来，越小越好。

这里有一个常见的误区，那就是很多人觉得，既然我内向、我不太会说话，那我得把自己藏起来，讲的东西越大越好，越体现不出个人特点越好。很多人教演讲，也都是让我们厚着脸皮硬上，把自己当成复读机，把观众当成土豆——这是误区。人毕竟不是机器，如果没有真情实感，场下背得再熟，上了场还是会忘词儿；而且就算我们背下来了，背诵出来的东西让人听着也是味同嚼蜡。这内在的道理其实很简单：只有专业的演员才能不懂装懂，还让观众看不出来；我们本来就内向，还想靠表演来掩饰心虚，这怎么可能呢？

所以，内向的人演讲尤其要注重真情实感，这其实并不难。上面也提到了，内向的人由于不善交际，平时有大把时间专注做自己的事，在很多小细节上其实都有特别细腻的感触，只是由于比较害羞，不知道这些东西有多动人。

此外，我们可能以为别人会觉得这些很无聊，所以自己就不敢拿出来讲，这也是不对的。只要是真心喜欢做的事情，总会有打动人心的力量；只要善于利用，都是很好的演讲切入点。很多大的主题，其实都可以落实到这些细节上来。从这样的生活化场景出发，内向的人也能展现出演讲的魅力。举两个例子：

一个游戏宅男，平时见人就脸红，这样的人应该怎样练习演讲呢？不要硬装阳光少年，而要从自己最熟悉的东西着手。仔细想想，很多常见的演讲主题，比如友谊、团结、合作精神，都是和游戏有契合点的。而且很多经典游戏里的细节，内行会跟我们有共鸣，外行会觉得长见识。所以，从大主题落脚到小细节，对内向的人是非常有帮助的。

同样，在做表达训练的时候我们也曾经遇到过内向的学员，刚开始练习演讲的时候怎么也不肯开口，直到我们问他："你最擅长的东西，不管是什么，能不能试着教给我？"他就像突然打开的话匣子，开始介绍一个极其冷门的知识——如何把牛仔裤的裤腿折得好看。当他津津有味地讲述折裤腿的细节时，俨然就是一位老练的演说家。

其实，每个人在某个特别的问题上，都可以是好的演说者。你所需要做的，是从这些小处着手，把话题引向常见的那些大主题。

内向的人学演讲，一开始最大的问题都是觉得无话可说。因为他们不明白，只要认真发掘自己真正关注的事情，总能找到一些既让听众觉得有意思，又跟演讲主题相关的内容。而只要是讲起自己真正感兴趣、真正在行的东西，内向的人也能成为聚光灯下的宠儿。所以，你需要的是去发掘自己，而不是去假装别人。

❮ 使用注意 ❯

性格内向的人在做分享或演讲时，更应该做足扎实的准备。当你通过展现性格赢取到他人的信任时，更应当用专业的内容巩固这份信任，不然之前的自嘲与示弱就都会变成减分项，最后会给别人留下"既没技巧又没内容"的糟糕印象。

常用句型

● 不好意思，我特别害怕人多的时候讲话，因为我从小特别内向，但是今天有不得已的理由，因为我要讲的主题真的非常重要。

● 我性格内向，不太会讲段子、说笑话，今天只是想把我做的研究汇报给大家。

点出内向的性格特点，降低观众对演讲技巧的预期；同时反衬演讲主题、演讲内容的重要性，聚焦观众的注意力。

用故事性陈述避免大脑空白

❮ 误区 ❯

将演讲稿死记硬背

很多人都在抱怨，演讲时明明事先准备了很多内容，可是一旦站到讲台上，面对下面的人群总是不由自主脑子一片空白，说了前面忘了后面，越空白就越紧张，最后弄得场面非常尴尬。

而面对演讲忘词，很多演讲者选择把演讲内容写成全文稿，然后逐字逐句地将稿件背诵下来。这种方法将大量准备演讲的时间用来背诵内容，但到真正上台时，看到下面黑压压的观众，紧张的情绪很容易让自己忘词；而一旦中间某一部分忘词之后，整篇演讲稿就很难再有逻辑地串下来。

更关键的是，这种方法也会让你的演讲变成一场背诵任务，即便是背诵到滚瓜烂熟，演讲的状态也是在回忆而不是讲述，自然不能达到很好的效果。

❮ 小诀窍 ❯
故事性陈述

应对公开演说时的大脑空白，有一招最简单的方法：故事性陈述。只需三个步骤，就能掌握故事性陈述的要领，解决上台后大脑空白的尴尬。

第一步：用故事，带大纲

例如当你被选中临场上台，讲一个《白雪公主》的故事，即便没有太充足的准备时间，你会忘词吗？会不会讲了邪恶的王后却忘了说魔镜？会不会说了七个小矮人却忘了说毒苹果？不会。为什么？是因为熟悉？等一下，扪心自问，你真的很熟悉白雪公主这个故事吗？你平常经常练习讲这个故事吗？你当然不会专门练习，可是一旦开始讲这个故事时，往往会讲得比练过的那些话题还要好。

其中的原因就是因为《白雪公主》是个故事，而故事本身就是有因果关系和逻辑条理的。就算你每次讲这个故事，说的话不同、细节不同，可你却一定不会漏掉关键的转折点。

你说到了魔镜，就一定会说到王后要让猎人杀白雪公主；讲到猎人，就一定会讲到森林，讲到七个小矮人。在一个好故事里，内部的情节环环相扣。故事本身就是一个完整的大纲，根本不需要刻意去背。

用故事来带大纲，自然不会说了前言、忘了后语。

第二步：说故事，加感想

最简单的演讲结构就是先点出主题，然后讲一个和主题相关的故事，接着说一点自己对这个故事的感想，最后结束。用这种方法，不但不容易忘词，而且效果通常也比那些长篇大论的演讲好得多。若以"友情"这个话题做演讲，可以这么说：

> "大家好！今天我要和大家谈谈友情这个话题。有时候，不起眼的朋友，也许恰巧可以改变你的一生。（点出主题）
>
> "这就让我想起来《穿靴子的猫》这个故事。故事里说一个磨坊主死掉了，小儿子没能得到遗产，只得到了一只猫。然而，正是这只聪明机智的猫，把主人包装为一个伯爵，得到了公主的芳心。最后，猫跑到恶魔的城堡里，哄骗恶魔变成老鼠。然后它吃掉老鼠，让主人得到了恶魔的财富。最终，主人娶到了公主，过上了幸福的生活。（故事陈述）
>
> "这只猫本来是很弱小的，在故事的开头，就连主人都觉得猫没什么用。可是，也正是这只猫成功地帮助主人走上人生的巅峰。你看，不起眼的朋友真的改变了他的一生。谢谢大家！"（对故事的感想）

这样，你就轻松地完成了一次简单且没什么毛病的演讲了。

第三步：贴标签，存故事

为了应付平时的各种演讲，我们平时就应该用心，看看有什么好用的故事。而且，讲一个故事可以对应好多个主题。

譬如，同样一个《穿靴子的猫》，我们可以用它来做一个形象包装的话题：

> "你看，一个平凡的青年，在包装之后成了伯爵。人还是那个人，却可以娶到公主，可见良好的包装是你走向成功的开始。"

我们也可以用它来说人的自我提高：

> "在故事的结尾，如果那个小儿子没有得到恶魔的财产，结婚后可能养得起娇贵的公主吗？可见，没有实力作为后盾，光有包装根本没用。"

我们甚至可以跳出故事，点评创作本身：

> "读者大众其实并不喜欢深刻的作品，很多人都只是满足于轻松的小文章。好比故事的作者夏尔·佩罗，本来是法国文坛很有名气的学者，一生中写下过很多深刻的作品，他写过《友与爱的对话》《镜子里变形的祷告像》，他还写过《赞扬妇女》，是很早期的女权主义者。可是，这些作品根本就没人看，让他在文学史留名的恰恰是那些简单的童话故事——《穿靴子的猫》《灰姑娘》和《小红帽》。"

如果你能把同一个故事贴上不同的分类标签，让它可以帮助自己应付好多个演讲主题，那只需要在脑子里积累十几个有趣的故事，把它们偶尔熟悉一下，就足以应对几十个话题而不会怯场。

❮ 使用注意 ❯

在使用这种演讲技巧时，你的准备重点应该是寻找更加吻合演讲主题的故事，并丰富这个故事的细节，将它有趣地呈现出来。同时，故事取材上，要么引经据典讲一些大家熟知的故事，要么从生活中出发，营造一些大家熟悉的生活场景，尽量避免将大众的注意力放在故事本身，而应当突出演讲的主题。

常用句型

• 大家好，我今天的演讲主题是……在准备这个主题时，我脑海中一直回旋着一个故事，在这里分享给大家。

这是一种将演讲主题导引到一个故事上的常用开头。

• 如果用……的视角来看待这个故事，我们会发现……

讲完故事后，将主题与故事做个连接。

真实的演讲，不是感动现场观众就够了，它往往还具有极强的功能性。时刻要记住你是谁、以什么身份、要向谁传达什么样的信息、达到什么目的。相应地，准备演讲时，也要注意"身份拟定"，也就是别把演讲当作炫技，要从特定身份、功能和目的的角度出发，想明白自己要讲些什么、要照顾到哪些微妙的关系。

如何做胜选演讲

❮ 情景 ❯

对手、队友都要照顾到

在生活中，无论是个人得奖还是集体荣誉，每个人或多或少总会碰到胜选演讲的机会，如果这时候让你上台讲话，你要怎么说呢？

其实大多数人都有这样的体会：失败、落选的时候，反而比较容易说话，因为这个时候大家毕竟是同情落败者的，这时的演讲，只要表达自己高贵的态度就可以了，不卑不亢，东山再起总还是有机会的。

可是胜利的时候，情况反而比较复杂：

● 你把别人比下去了、赢了，被你比下去的人肯定心有不甘。

● 你在很多人的帮助下赢了，没有对这些人表示好好的感谢，容易让帮助者感觉心里不舒服。

●你赢得了某个职位，那么下一步要做什么？大家都盯着看你呢。

所以，胜利只是第一步，胜利之后还有很多复杂、微妙的关系需要处理。在这个时候，胜利者更应当把握胜选演讲的机会，字斟句酌，才能把这次的胜利变成下一个胜利的起点，而不是变成胜极而衰的转折点。

很多人在发表胜选演讲的时候都会陷入一个惯性误区，那就是将演讲的内容继续锁定在这场已经过去了的选举或是自己的成功之路上。

而当他们感慨万千地回忆着"我当时差一点就以为自己要输了""每天凌晨4点起床练习演讲和微笑"的时候，其实是很危险的。你想想，你都已经赢了，再讲你赢的过程，往往特别容易显得自矜自大；而卑微一点，又变相地贬低了你的队友和对手。即便你讲得四平八稳，大部分吃瓜群众也是无感的。原因很简单：胜利的果实是属于你的，而这与他们无关，甚至还有可能会增大已经开始出现的裂痕。毕竟有胜负的事情总是几家欢喜几家愁，谁知道你的胜利会刺激到些什么人呢？

〈 小诀窍 〉

忽略胜利，关照众人

想要找出胜选演讲的正确法门，我们不妨从美国第45届总统特朗普的胜选演讲中，学习一些表达胜利之情的说话技巧。

赞美对手

毋庸置疑，胜选演讲的第一步必须要赞美对手。这既能表现自己的风度，又能进一步彰显这次胜利的意义。

特朗普说："希拉里为国家奉献了很多，我们应该对此表示感谢，她为这次大选也拼尽了全力，我真的很赞赏这一点。"

这句话其实有两层意思：第一，对方资历很深；第二，对方拼得很凶。结论自然就是"我"更厉害、"我"的胜利更加有价值。所以在胜利的时候，尤其不要吝啬对对手的称赞，我们夸对手夸得越厉害，反而就证明自己越厉害，同时也表示自己是一个有风度的人，实在是一举两得。

弥合分歧

这里所说的弥合分歧，其实主要针对的还不是对手，而是自己的盟友。

说到这里，你可能会奇怪：胜利不是大家一起赢得的吗，怎么反而需要弥合内部的分歧呢？这就叫防患于未然。

的确，在刚刚胜利的时候，我们并不会意识到内部分歧的问题所在，可是，在一起争取胜利的时候，我们是有一个统一的努力方向的。一旦胜利真的到来了，那内部怎样分配相应的利益和荣誉就成了主要的问题，这个时候分歧也就应运而生了，所以倒不如在第一时间就要努力弥补这种分歧。

特朗普在获得胜利后，马上就采取了把"我"变成"我们"的说法。他先是说："我收到了国务卿希拉里·克林顿打来的电话，"接着马上说，"她恭喜了'我们'"，然后又强调了一句，"这是我们的胜利"。并且特朗普用一个环抱的手势向全场示意，强调了这个"我们"。在第一时间声明，这不是"我"一个人的胜利，这是"我们"所有人的胜利，这个做法是非常聪明的，只有这样，这个胜利才会比较长久。

回到我们的现实生活，虽然不用去竞选总统，但是当获得荣誉的时候，要怎样发表讲话呢？同样，你也要把自己的这个荣誉变成大家的荣誉，让大家觉得自己其实也是一个参与者，这样对我们个人的形象才会比较好。所谓"个人的一小步，人类的一大步"，把"我"变成"我们"，应该成为你获得成就时的第一反应。

再想深一步：当我们胜利的时候，还要进一步弥合观念上的分歧。因为所谓胜利，一定意味着有失败、有不如你的人。所以，怎样跟失败者在价值观上寻找共同点，这是我们需要考虑的。不要说竞选总统了，就算我们在单位里比同时间进公司的人更早被提拔，这个时候表态都要特别谨慎。千万不要表现出"我赢了你们"的傲慢态度，而是要表现出"在我的领导下，你们可以成为更大的赢家"，这才叫作共赢。关于这方面，特朗普在胜选演讲中说了两句重要的话：

第一，"对于那些原本并不支持我的人，现在我需要你们的指导和帮助"；第二，"这不是一场竞争，这是一场伟大的运动"。

你看这话说得多漂亮：原本你们不支持我，那你们一定是对我的做法有意见；现在我赢了，我需要你们的意见，但这个时候你们的意见不是对我的反对，而是对我的建议、指导和帮助。

这句话的奥妙是，其实那些原本看特朗普不顺眼的人，现在仍然跟他立场相左，可是这样听起来，就像是他们在共同努力了。按特朗普的说法——原本我们不是斗得你死我活吗？可是换个角度来看，我们其实都是同一个宏观大局中不同的部分，我们在为同一首交响曲服务，我们这不是一场竞争，而是一场运动，只是分担着不同的角色罢了。

如果把高度升到这里来了，对手就不能说什么了。因为再怎么说，也是对新晋总统的"指导和帮助"啊！

感谢盟友

当我们取得胜利的时候，最容易在这个时候出问题的反而是当时支持我们的那些人。因为对手只能暗暗不爽，盟友才会真的被得罪。这就是为什么在颁奖典礼上，那些获奖者都会用绝大多数的篇幅来感谢自己的支持者，而且很多人都会拿出一个名单来照着念，生怕有所遗漏。

在特朗普的胜选演讲中，他用了70%的时间感谢自己的支持者。其中10%的时间，是以谈"将来要做什么"为名义来回馈自己的支持者，主要就是谈要扩大就业，毕竟那些担心自己的工作保不住的底层民众是特朗普主要的投票者，在这里不得不提到他们。但是这些人毕竟是一个群体，提到也就够了。所以接下来他用了60%的时间，一个个点名表扬自己最重要的支持者，从他的父母到他的家庭再到他的副总统，还有林林总总的一些人物。

总之，感激致辞是越走心越好、越细致越好、越具体越好。60%这个比例很有意思，这其实说明在胜利的演讲中，巩固自身的盟友基础才是最主要的目标所在。

‹ 使用注意 ›

我们在做胜选演讲的时候，首先要明白一件事：当你的胜利已经成为既定事实，它就已经不重要了。因为你就算不说，所有人也都知道你是最终的胜利者。这个时候，就应该致力于怎样将除了你之外的其他人照顾好——他们可不是胜利者，但多关照一下他们，却能让你的这次胜利变得更有价值。

常用句型

● 我真的非常欣赏……

坦率地说出对手让你欣赏的地方，能充分地展示你的风度。但请注意，你所挑选的那些优点，必须是实在而具体的；否则听起来就会像是虚伪的套话。

● 我们……

少用"我"，没事多用"我们"，能让大部分人有代入感，也避免自己被孤立。

● 这不是一次竞争，而是一次运动……（或"这场竞选没有失败的一方……"）

任何竞选、竞争、比赛都意味着是某种零和游戏。你赢，就一定有人受损失。所以你要淡化这些概念，既团结了更多人，也让自己的胜利更容易被接受。

如何做败选演讲

〈 误区 〉

只有情绪，没有风度

很多时候，不只是赢家会发表胜利宣言，失败者也要有自己的感言。相比于胜利宣言，失败者的演讲侧重点则不同，它更需要把握自己的情绪和讲话的分寸，既不要让人觉得自己输不起，又不要真的显得彻底消沉。如果我们恰好站在这个位置上，应该说些什么呢？

失败后的演讲有几种常见的误区：

> 第一种是强烈的表达自己的不服，这样显得输不起且没有风度。做出这样选择的人一般都处于激动的情绪中，不够理智。这类的演讲很少会成功。

> 第二种恰好相反，是在失败后一蹶不振，演讲中流露出颓废的感觉。这类演讲如同是宣告自己在这场竞赛中完败，负面情绪很容易波及队友与支持者。

败选演讲的目的是要彰显自己的风度，甚至是为下一次竞赛胜利打下基础，而以上两种态度都会起到负面作用。

‹ 小诀窍 ›

优雅地表现不服

我们同样以 2016 年美国大选中希拉里的败选演讲为例，看看如何在一篇演讲中既能表示态度，又能展现风度。

在这届美国大选中，希拉里民调一路领先，竞选声势如潮，本以为胜券在握，结果还是被特朗普击败。她当然希望将"不服"借由败选演讲表现出来，但如果你听了她的演讲，你就会发现，她的演讲大气、大度，还挺感人，完全没有不甘心的那种拧巴。其实，她已经把这种不服气巧妙地包装在演说里了。

综观她的演说，在"不服"这一方面主要表达了三点：

第一点：我不是彻底的输家

希拉里在演讲里是这么包装的：

　　"我们的竞选并非只关乎一个人，甚至也不只关乎一次选举……

　　"补充一句，我们参与的，不只是四年一次的大选，我们必须贯穿始终坚持下去。我们依然要尽己所能，推动我们的事业。"

这里隐含的意思是：没错，这一次的选举我们输掉了，但是我们输掉的也仅仅是这一次，我们后来可是会"贯彻始终"地坚持下去。未来，即使我没成为总统，依然可以在自己的位置上推动自己所支持的政纲。所以，下一个四年中，我们还有各种机会，我并没有彻底失败，我们来日方长。

第二点：我输了，但我没错

希拉里说："我们要打碎所有阻碍实现美国梦的藩篱……

"不论你是移民、LGBT（同性恋、双性恋及变性者）人士还是残疾人士，你都可以拥有这份美国梦。"

看起来，这只是希拉里在给大家灌鸡汤，然而其中隐含着对特朗普政纲的攻击。

之前的竞选中，两人政纲中最大的分歧之一就在于移民政策和平权政策。希拉里一直坚守政治正确，坚持平权，强调要为移民、LGBT、残疾人士提供更多的机会；而特朗普对少数人群的关注度远低于希拉里，在移民问题上更是保守，还提出了一系列限制移民的措施。

希拉里演讲中的"打破阻碍美国梦的藩篱"，暗指的当然是特朗普的移民政策，毕竟特朗普的原话就是"要在美国与墨西哥边境上盖一堵墙"。希拉里在败选演讲中再次肯定自己的政纲，其实就是在表示：我确实输了，但我还是不认同你。

第三点：你赢是侥幸，我输是有客观原因

希拉里在演讲中特别感谢了在Facebook（脸谱网）匿名页面上支持她的网民，其实就是暗指美国联邦调查局对她邮件门事件的调查，影响了选民的判断。

此外，她也暗示了另一点可能影响她成功的原因，她说："我要专门对所有女性说，我们还没能打破这个最高和最坚硬的玻璃天花板，所以，我们还要继续努力，有一天，我们迟早要打破它。正在看我演讲的小女孩们，你们也要加油哦！"

这也是在明确地暗示：他们不选我，搞不好就是因为他们歧视女性，我面临的可是职场上"最高"和"最坚硬"的玻璃天花板，所以我输掉，未必是我实力不行，而是有客观原因的，那就是主流社会依然对女性领袖抱持着怀疑态度。唉，这就不是我的能力问题喽！

希拉里把我们认输当中常见的几点不服心态，用更优雅、更得体的方式表达了出来，告诉对手：我输了，可我没有倒下。这种认输不认错的心态，一方面是向对手示威；另一方面也给自己人鼓了劲儿。

这种成功的表达，其中的要点是：以鼓励、正面的角度进行阐述，而且很少从自己个人出发，选取的都是公众的视角。她不说"我们来日方长"，而说的是"我们还要继续努力"；她不说"你根本不对"，而是说"我们要继续打破藩篱"；她不说"你们就是歧视女性"，而是说"你们（其他女性）以后要继续努力，克服我今天没克服的障碍啊"！

四项原则

输给自己最不服气的人，再心有不甘也要表现风度，下面这四项基本原则可以让我们从容应对败选后的局面。

第一，感谢盟友。认输和道歉不一样，不是要说"我错了"，而是

要说"我输了"。在一场竞争中,每一方身后都有属于自己的支持者和追随者,所以即便是认输,也要尽量避免让支持者与追随者也一起背黑锅。所以,第一时间感谢盟友、肯定盟友的付出与伟大,是一个好的选择。

第二,威胁对手。当然,这种威胁是彬彬有礼的,既要让对方有所感知,又不能显得太小气、失风度。希拉里是怎么说的呢?她说,我们要尊重特朗普,给他一个中立的态度,因为美国人有包容的传统,我们包容了很多少数族群,比如非裔美国人、LGBT族群等。

希拉里的这一说法其实暗藏玄机:她首先说要给特朗普一个中立的态度。这句话的潜台词是:特朗普这个人形象不好,很多人不喜欢他。希拉里又提到美国有很多少数族群,而事实上这些少数族群大多数都是投票给希拉里的,这就意味着"我虽然输了,但我还是有自己的实力在的,有很多人仍然是支持我而非特朗普的"。这就是柔中带刚,认输的同时不忘记强调自己的优势,对对手也有一个威慑的作用。

第三,澄清误解。失败时必然会面对最直观的印象:你不行。可很多时候,我们失败往往是有客观原因的,怎样既不显得推卸责任,又能点出真实原因呢?面对这一情况,希拉里讲了一段非常精彩的话。

我们都知道,她的败选跟美国联邦调查局在投票之前,突然开始重新调查她的邮件门这件事情有重大的关系。这么大的委屈当然要说,可是如果这个时候说自己败选就是因为美国联邦调查局,那自己的形象肯定会显得特别难看。所以希拉里用一种看似不经意,甚至是开玩笑的方式提到了这件事。

希拉里说:"感谢支持者给我拉票,用你们的各种方式,比如登门拜访、打电话、用你们的Facebook账号发表信息,甚至是用你们的私人匿名账号发表信息。"她在说到"私人"和"匿名"的时候，在语气上特别进行强调，她的支持者就知道这是在影射美国联邦调查局对她的调查了，当场就哄笑起来。

第四，重建形象。这一点最为关键和重要。认输虽然是一件让人不好受的事情，可是我们要知道，这是一个很好的重建形象的机会，因为人们总是会本能地对于输家抱有同情。

希拉里在败选演讲中提到："最后我要跟年轻人说话，我要告诉你们，我为自己相信的东西奋斗一生，你们才刚刚开始，但是不要停止为值得的东西奋斗，是的，这是值得的。"她还专门提到："现在正在看这段现场的小女孩们，你们要知道自己的价值和力量，你们要追求自己的梦想。"

虽然这种说法也是老生常谈，可是放在这个场景下还是很感人的。这就是充分利用认输的机会，把输这件事情变得感人，变得与每个人相关，变成一段励志的故事。本来是败选演讲，现在变成了励志演讲，语言的力量就是这么强大。

❮ 使用注意 ❯

俗话说成王败寇，一场选举过后，赢家通吃，败者往往会淹没于人海，再无人记得。败选演讲的目的很大程度上是为了继续保持存在，在失败后还把自己的支持者团结在自己身边，以备将来东山再起。这点希拉里做得非常好，从克林顿时代起，她屡屡经历失败，但没有一次失败彻底打垮了她，这也是我们选她做范例的重要原因。

常用句型

- 我们的事业并非只关乎一个人，甚至也不只关乎这一次的胜负。

- 我们参与的，不只是这一次的……我们必须贯穿始终坚持下去。我们依然要尽己所能，推动我们的事业。

- 最后我要跟年轻人说话，我要告诉你们，我为自己相信的东西奋斗一生。你们才刚刚开始，但是不要停止为值得的东西奋斗，是的，这是值得的。

演讲是临场表现的艺术，有三个关键问题需要解决：第一，迅速赢得观众的信任和好感；第二，争取大多数观众的认同；第三，化解某些场合下观众不想听你说话时的尴尬。以下我们就从这三个方面来介绍几则临场表现的技巧。

迅速与听众建立信任关系

〈 误区 〉

自吹自擂，既调高期待又难以取信于人

相信有演讲经验的人都会有这样一种感受：听众的信任，往往会比实际内容更能决定一场演讲的成败。很多名人演讲，仔细考究内容其实并无多少出众之处，但就因为他们的名声所带来的光环效应，让听众对他们天然抱持着极高的信服度。稍微一抖包袱，就是满堂喝彩，演讲自然也就容易获得成功了。所以，迅速获得听众信任，是演讲的第一要义。

可是很多人都以为，只需要堆砌过往的成就，讲些江湖传颂的美名就可以了。但是如果真这样做，就很容易显得是在自吹自擂。而这种沿街吆喝、老王卖瓜式的手法，只会让人觉得你是个江湖郎中，拉低了你的层次。拿黄执中来举例。

假设某天黄老师到一所学校讲座，如果上台的时候，他用这种方式来介绍自己：

"各位同学，大家好，我呢，就是著名的辩论专家、演说之神黄执中，人称宝岛辩魂，从国际大专辩论赛到当红的综艺节目《奇葩说》，我曾在各项语言口才竞赛中妙语如珠、谈吐一流，获得了无数奖项。不仅如此，我也经常受邀为许多政府机关、大型企业授课。而今天，我就是要来教大家在生活中要如何好好说话的。"

这样的开场白，会让我们觉得台上这位讲师真是大师吗？像这样吹牛的人，本身就会把自己的格调摆得很低，也自然很难获得他人的信任。

不仅如此，就算有的听众真信了，这种方式还有另一个坏处，就是会让听众产生一种挑衅式的高预期。任何人在上台演讲时，最怕的就是在开讲之前，主持人就先用各种敲锣打鼓般的介绍，把听众的预期调到最高。无论你是哪一种专业人士，都会在这种极端严厉的审视下显得底气不足。

〈 小诀窍 〉

快速建立信任的两步法

第一步：先适当地降低听众的预期

很多时候，听众对演讲者抱持着较高期待，甚至有的主持人已经在介绍阶段将演讲者的实力与地位大肆渲染，这个时候就需要适当降低观众预期。

先降低观众预期的好处，是能让演讲者在一开始暖身的时候不至于遭到太严苛的挑剔。还以黄老师为例，现实中他往往会这么说：

"刚才主持人讲的都只是一些场面话，那我今天呢，不是来给大家上课的，毕竟说话大家都会，我也只不过练习多、比较熟练而已。所以今天我要跟大家聊的主要也都是些我过往在长期训练中所得到的一点经验，希望能在分享后帮大家节省点时间。"

当然，调低完预期后，我们总不能让人家真的觉得自己没什么了不起啊，这个时候你还需要做下一步工作。

第二步：在演讲的过程中不动声色地建立起他人对自己专业的信任

专业人士要迅速建立听众对自己的信任，有一个最好用也最好学的招数，英文叫"gold dropping"，也就是金块掉出来的意思。这是一种很形象的说法——如果一个人想要炫富，那最好的方法不是脖子上挂金链、手上戴金表，而是穿着朴素，然后在走路的时候，突然一个不小心从口袋里掉出一根金条，一边捡还一边道歉说："哎呀，不好意思，金条太多，总有些没收好的一不小心掉出来。"这时候旁边的人一看就会觉得："哇，这个人是个连在日常生活中走路都会不小心从口袋里掉出金条的人呐！可见他有多土豪。"

而将这种心理运用在演讲当中，就是要将我们最耀眼的资历，以一种极为平淡的口吻，看似漫不经心地吐露在自己的演说内容里。继续以黄老师为例，他在演讲中可能会这样说：

> "各位同学，你们要知道，在台湾，许多的政治人物学生时代也都参加过辩论训练。辩论是一件很普及的事情，就好比有一次我在跟吴敦义秘书长私下聊天的时候，就听他谈到他自己在学生时代参加保钓辩论，就是保卫钓鱼岛主权的辩论。哇，他那时候讲得是意气风发、得意非凡啊。"

这段话的主要的目的似乎是想介绍辩论的重要性，以及辩论在台湾的普及程度。但在听众耳朵里，他们脑海中回荡的却是："哇，黄老师是个可以跟吴敦义私下聊天的人啊！"这就是典型的"（装作无意）金块掉出来"。

❮ 使用注意 ❯

这里教给大家的方法，是一种通过间接的展示来避免观众反感的自夸方式，同时还包括先降低观众期待这样欲扬先抑的曲折手法。而由于间接和曲折，所以在运用这类方法时，分寸感就变得尤为重要。否则，你的谦虚低调听起来会真的像是没有底气，而不动声色的自夸则要么显得刻意，要么就被观众忽略了。

常用句型

● 刚才那不过是……（或"我只不过是……"）

用"只不过""而已"这样的表述，将主持人的夸张介绍朴实化。一方面可以适当降低观众的期望值，另一方面也是某种不动声色的自夸：刚才那些名头听起来好像很唬人，但我真的就觉得不过如此而已。

● 有这么一个人，不确定大家认不认识，他是……

用"顺便一提""不知道大家认不认识"来显示自己并非有意要讲这件事，而只是附带地提一下。

● 当年××也曾经跟我这么说，不过其实我觉得……

有时候，可以通过适当地对某些重量级的人物、事件提出相左甚至否定的意见，来反衬出自己的分量。例如，"金庸曾经对我这么讲过，但我觉得武侠小说其实还有别的路子""如果你们也参与过国际空间站项目，就会知道这类东西其实不过如此"。

应对听众的众口难调

〈 误区 〉
演讲一定要照顾每一位听众

做演讲时，台下坐的听众之间一定会存在很大的差距。他们有着不同的背景、不同的年龄、不同的学历、不同的兴趣点，甚至大家的笑点都是不同的。那么，在一场演讲中，我们要如何根据不同的情况和不同的听众来安排我们演讲的内容、兼顾不同听众的需要呢？

这里，很多演讲者有一个典型的思维误区，想让自己的演讲能照顾每一位听众，当听众中有一部分人不被演讲吸引时，就会变得焦虑，影响自己的发挥。

然而事实上，演讲不是要说给每一位听众听的，所以你一定要做出取舍。一个想要讨好所有消费者的产品注定会滞销，而一个想要讨好所有人的演讲也注定会失败。

〈 小诀窍 〉
选择不同的顺应策略

当听众的差异较大时，一个好的演讲者总是会依照情势，选择不同的"顺应"策略。这里，我们介绍三种顺应策略，分别针对不同的情势。

权力顺应

权力顺应是指在一场演讲里，我们主要讲给全场最有决定权的人听。

我们去参加演讲比赛，台下黑压压地坐了几百名年轻学生；而台前评委席里，坐着三五位 40 多岁的评审老师。这个时候，我们的演讲是要说给谁听？

假设在这场演讲比赛里，我们用到了几个网络词语，我们会不会因为台下那几百个学生都很熟悉这些网络热词，就不用进一步加以解释？这当然不对。因为决定权在评委老师手里，我们必须要确保他们了解到自己讲的每一个观点。

权力顺应的原则适合用在竞争类的场合，我们的演说目的或是击败竞争对手，或是促成对方做出决定。公司竞标、商务谈判，都是适合权力顺应的场合。

比如，好多学生找工作的时候，都会遇到大公司所谓的"群体面试"。一个小组在面试里不用回答面试官的问题，而是在一起选择一个主题进行小组讨论，最后面试官根据我们在讨论中的表现进行打分。我们在面试里的发言，可不是要打动、说服自己面试当中的每一个竞争对手，而是要把我们的概念和想法，清晰地展示给旁边的面试官。

低阶顺应

低阶顺应是指，这场演讲的内容要让全场程度最低的人也听得懂。

最典型的例子是学校的授课，或者飞机起飞前的安全须知录影。此时，即使有些人觉得我们讲得太浅显，开始打哈欠，我们也要忍住。因为我们演讲的目的不是精彩，而是普及；我们的任务不是为了获得大家的掌声，而是要让每一个人都理解自己的意思。

低阶顺应的演讲往往是功能性的，而不是观点性的；低阶顺应的演讲主要用于信息传递，而不是说服鼓动。

多数顺应

多数顺应是指要针对听众里的大多数。最典型的例子是政治人物的演讲，或者销售现场的推销。他们一边讲，目光会一边扫射听众，时刻根据大家的反应调整话题的节奏以及演讲的深度，确保高收听率。

很多精彩的演讲都是多数顺应的典型。因为它不像权力顺应，只关注地位最高的几个听众；也不像低位顺应，难免说得太过浅显直白。多数顺应的演讲，更多用在赢得认同、传播观点上。所以，多数顺应的演讲是最容易出彩的演讲。"9·11"事件后，美国总统小布什第一时间发布的政治演说，就是说服性和鼓动性的演讲，也是多数顺应演讲的典型。

他在演讲的开篇就提到"遇难的乘客，有白领、商人、公务员，有父母、有夫妻，有亲人、朋友和邻居"，通过一系列的身份定位，呼唤起大多数人的身份认同。他呼唤民众团结一致，应对恐怖袭击。演讲中，他也会时刻留意与听众互动，用强烈的谴责唤起听众的注意；用足够的停顿给听众时间思考；用磅礴的排比激起听众的感情。他采取多数顺应策略，第一时间传达政府的反恐决心。

❮ 使用注意 ❯

不同的顺应也要面对不同的挑战。权力顺应中，要判断权力何在；

低位顺应中，要忍受那些已经听懂的人的白眼；多数顺应时，我们要时刻注意群体的反应。总之，根据不同的场合和听众情况，只要精心选择顺应策略，我们就会收获一个良好演讲的开端。

常用句型

- 在座的各位可能有各种各样的身份，父母、子女、兄弟、丈夫、妻子，每个人都有想保护、想照顾的对象，所以，为了他们，我们要……（多数顺应）
- 接下来的话需要在座的每一个人都能拿出几分钟认真听我说，以下的内容与大家的权益息息相关。（低阶顺应）

如何在大家不想听的时候发言

〈 误区 〉

讲自己的，不顾别人

在许多场合，我们会不得不装模作样地说一些自己都觉得很没意思的话。就好比每次公司年会都要有领导致辞；每个婚礼都要邀请主婚人讲话；每次影视圈颁奖典礼听获奖感言，获奖者从头到尾要用好几百字发表感谢——先感谢亲友、再感谢导演编剧、灯光老师、摄像大哥，他发表一通感言，历史学家能给他整理出来一套家谱，搞得台上台下都很煎熬。

即便心里有一百个不乐意，但该讲还是要讲，要怎样说，才能尽量化解尴尬、尽到义务呢？

很多人认为，既然讲既定的主题大家不愿意听，自己也讲不好，不如就借用这个机会自由发挥，讲一些自己认为很棒的主题好了。这就陷入一个误区，我们来看一个例子：

> 20世纪最棒的数学家之一希尔伯特，有次在学生葬礼上致辞。面对前来缅怀的家属朋友，希尔伯特很快跑偏，他提到学生生前对黎曼假设的证明里有个错误。于是，他充满激情地冒着雨在学生的墓碑前对大家说："首先，让我们来考虑一个复变函数……"然后滔滔不绝地讲了很久黎曼假设，所有宾客都崩溃了。

这个故事是历史上特别有名的段子，演讲者希尔伯特没有搞清楚他讲话的目的和意义，按照自己的想法讲，将一场有任务的演讲变成了个人自定主题的脱口秀，最终不仅让听众尴尬，也让自己给别人留下了极不靠谱的印象。

❮ 小诀窍 ❯

点破尴尬，讲给重要的人听

点破尴尬

面对仪式性发言，你知道大家不爱听，大家自然也心里有数，这个时候主动点破这个局势，让观众与你站在同一个立场上，反而能赢得更多好感。

在参加综艺节目时，最不得不讲的例行公事就是念广告。但在《奇蔸说》里，念广告这个原本最无聊的环节被设计得很有趣。节目里，主持人越要假装自己没有拿钱打广告，气氛就越诡异。所以马东念广告的时候，不但不回避，还刻意点破了这个场景，强调"都是广告商逼我们念的""不念他们不给钱"。这就点破了尴尬，反而拉近了距离感。

同样，一个八竿子打不着的嘉宾，不得不应邀在一场晚宴上致辞时，如果他一上台就说："各位，我知道你们都想赶快开吃，但来都来了，主办方委托，话还是要讲，所以，你们就忍一忍吧。"这种不装、直接点破的开场白，一定会让气氛轻松不少。化解了大家的焦灼感，接下来的演讲也就能顺利进行了。

明确主题

点破了尴尬，自嘲之后，该讲的话还要认认真真地讲，这样才对得起我们的身份和任务。千万不要在上个阶段点破了尴尬，得意忘形，把下面的部分也说成玩笑。婚礼上，主婚人致辞，可以这样说："虽然来来去去婚礼上的祝福都是那一套，今天我们也不例外，也要讲这些，就请大家开开心心听吧。"这样开头，会很有诚意。可接下来，"早生贵子""百年好合"这些话，我们可一点都不能省，因为，这正是我们今天来的责任。在这种仪式性的场景中，"说对的话"的意义往往大于"说得有趣"。

找对听众

仪式性的发言里，最在意的观众往往不是台下的那些人。就像是在婚礼上，主婚人说话，其实是说给新人，而不是宾客听的。在综艺节目里，观众也知道节目里念广告不是为了观众，而是为了广告商，所以优秀的节目主持人经常在念完广告后，代表观众对广告商吐槽："这样念，你们满意了吧？""我们念得这么好，你们要加钱！"

这种做法有个妙处，就算有观众真心不喜欢广告，听完几句吐槽也会会心一笑。试想，在活动中，当嘉宾点破尴尬，接着完成了自己严肃沉闷的致辞，对着台下的主办方说："这样，你们满意了吗？"就算观众觉得刚才听得很枯燥、很煎熬，但是看到我们帮他吐了槽，也会觉得轻松了很多，把场面又拉回到了开头刚刚点破尴尬时的活跃气氛。

〈 使用注意 〉

上面介绍的仪式性发言的技巧，需要发言者在演讲人与听众两个身份中跳动，既要代表演讲者完成演讲任务，又要代表听众合理化不愿意听下去的情绪。在代表听众时必然会获得更多场下人的认同与好感，但是不能因此忘记自己的讲话任务，按照我们上一篇介绍的内容，这毕竟是一场"权力顺应"的演讲。

常用句型

- 其实我也知道大家不爱听，但是为了广告商的利益我还是要念一段广告。（点破尴尬）
- 虽然大家都急着吃饭，不过我们还是要先祝福新郎新娘。（明确主题）
- 也许这些祝福的话在大家听来有些老套，可却是对这对新人最美好的期盼。（找对听众）

冰冻三尺，非一日之寒。平时的刻苦训练，是锻造演讲能力的必需要素，而最需要扎实基本功的是自信的心态，以及清晰简洁的叙述能力。

增强演讲时的自信

〈 误区 〉

观众让你没自信？那就当观众不存在

关于演讲，很多人最关注的问题就是：我没自信该怎么办？

事实上，演讲台让很多人望而却步的原因也在于此。对于他们来说，生产演讲内容并不是难事，但如果没有建立好信心，再好的内容也难以发挥出来，甚至在演讲过程中只要一失误或是一遇冷，就会满盘皆输。

有些演讲老师会传授给学生一招所谓的"西瓜大法"，意思就是当我们上台后，要把台下观众的脑袋都当成一颗一颗的西瓜。这样一来，我们说话的时候台下就"没人"了，我们讲什么都不会没底气，自然也就自信了。

这种方法有用吗？当然没有。试想，当我们上台看到一堆西瓜，而且一颗一颗的都还会动，恐怕只会更紧张吧？更何况，我们演讲的目的究竟是为了什么？不就是为了能够跟听众交流互动，好吸引他们，进而影响他们吗？如果我们用这种方式隔绝了听众，只顾着喃喃自语，像机器人一样说话，这样的演讲就注定会失败。

‹ 小诀窍 ›

负面练习，正面思考

要诀1：学会练习失误

练习是为了成功，可是太执着于成功，反而会适得其反。这个时候，你就需要对失误进行专门练习。要知道，我们一般人在练习演讲的时候都着重于"顺畅地讲下来"，不顺畅怎么办呢？一出错就从头来过，再出错就再次从头来过，直到全程讲完都没出错为止。

这种练习方法虽然很勤勉，却是不对的，因为练来练去都只是在练习没出错的时候该怎么讲，而完全都没练习到一旦出错的时候该怎么讲，等到正式上台的时候，万一出了一点小错，整个人就蒙了。平常一旦出错的时候都是重来，那现在不能重来，该怎么办呢？反过来讲，也正是由于完全没有练习过"出错之后该怎么办"，以致心里有巨大压力，不能允许有出错的情形发生。所以，正确的练习方式其实是要在"练习正确"的同时，兼顾"练习失误"。也就是说，我们在讲话的时候万一忘词了、说错了、傻住了，没有关系，不要重来，不要暂停，当场想办法圆过去，就算断断续续，也要把它继续讲完。像这样多练几次，练到不怕出错，练到就算临场出了状况，也有信心把演讲继续下去。

毕竟，对我们一般人而言，演讲的目的既不是为了做表演，也不是为了上节目，所以那么努力去练习完美的版本是没有意义的。我们真正要练习的，是如何与失误这件事情共处。

要诀2：设定收听率

很多人在演讲的时候，一旦看到台下有人在打呵欠、刷手机、交头接耳，就会越讲越焦虑，觉得自己讲砸了，大家都不想听了。其实对于任何一场演讲，都不要要求自己能够吸引到每一个听众，所以不妨给自己设定一个收听率。

比如在学校里，如果我们面对的是熟悉的同学，那么给自己设定的收听率可以是 80%。换言之，只要那些打瞌睡、刷手机聊天的同学没有超过两成，那就代表我们的演讲是成功的。而在学校之外公开演讲的时候，面对那些组成比较复杂的听众，那我们的收听率可以设定在 70%，甚至是 60%。

设定收听率有什么好处呢？我们要知道，站在台上演讲，很多时候，明明刷手机的人只有那么几个，绝大多数的听众都仍然很认真地听我们说话，但对我们自己来说，台下再多友善的笑容都不重要，因为我们全副的心思都紧紧地扣在那几个低头刷手机的人身上。我们会觉得，如果自己不能吸引他重新抬头继续听我们讲话，就代表我们今天的演讲是无趣的、失败的。于是我们一边讲，一边看着他们，越看越没信心，越看越害怕，其实，这时候我们只要把眼光转向另外 80% 甚至 60% 的听众身上，对于今天的演讲，马上就会产生不同的评价。黄执中老师曾经有过这样的经历：

> 在一次演讲时，全场的听众基本上睡翻了，但无所谓，因为他发现那天坐在前面第二排，有一个老先生从头到尾面带笑容地对他说的内容频频点头，所以他也从头到尾也就一直盯着这位老先生。对黄老师来说，那天的演讲，他的收听率就是 1%，他依然很有自信，而且很尽责地让那一位老先生觉得听他讲话很有收获。

要诀 3：正向解读

但凡有自信的人，都有一个共同特色，那就是擅长正向解读。

什么是正向解读？比如我们在演讲的时候有个听众睡着了。对于某些演讲者而言，他会对自己说："我一定讲得很无聊。"但同样的情况发生在那些有自信的演讲者身上，他们只会认为"这个家伙昨晚一定没睡好"。再比如，如果我们在演讲的时候讲了一个笑话，结果全场没人笑，我们不用觉得是自己的笑话不好笑，很可能是这一届的听众不行，他们的幽默感显然都不太好。虽然这有些自我安慰的成分，但是要排除演讲时的诸多干扰因素，这种心态是必不可少的。

〈 使用注意 〉

在演讲中有自信，与准备一场成功的演讲是有差别的。上了场你一定要相信自己就是世界第一，但是在准备过程中，还是要多考虑可能会遇到的问题。因此要注意，本篇内容主要是教你如何在场上正面解读听众，使用收听率这个概念来增强自信。但要成为一名优秀的演讲者，场外的功夫也必不可少。场上要正面思考，场下依然要客观分析。

常用句型

- 准备一个与忘词或口误有关的小笑话。

即使是再熟练的演讲者，实际演讲过程中都有可能犯错。因此，练习失误的时候，不妨准备一个与可能发生的失误有关的小笑话用以过渡，既让自己心里有底，到时也不至于尴尬。毕竟，没有人会拒绝幽默。

● 无论如何，我想刚才那个向我点头的姑娘肯定是明白了。

不妨多提一提那些认真倾听、与你互动的观众。一来，多关注他们能让你保持自信；二来，也能让其他观众产生一种"错过了什么"的落差感，从而也吸引到他们的注意力。

清晰表达自己的观点

❮ 误区 ❯

将说话当成写文章

说话，最重要的是清楚、准确地传达信息，不让人产生误解是好好说话的基本功。在演讲时，我们更要注意，将自己的观点表达清晰。那么，怎样做到说话清楚？一般人都会告诉我们要言简意赅、用词准确、逻辑顺畅……这些概念往往过于笼统，没法直接落实操作，针对这一情况，我们来分析一下有哪些可以直接操作的小技巧。

很多人有一个很大的疑问：我文章写得不错，可是为什么说话的时候别人就很难理解呢？

这里有个误区——说话清楚，跟写文章清楚不是一回事。因为文章写出来我们可以一遍遍正看反看使劲琢磨，可是话说出口就是说出口，没有第二遍。很多写下来看得挺清楚的内容，要是靠说，人家还真不一定能明白。

比如，许多人有个习惯，平常路上没事，喜欢下载一些经典文章的朗读版听听，来代替读书。这些文章，篇篇都是用词精确、言简意赅、逻辑严密，阅读的时候觉得很舒服、很好理解；可是听起来就很容易走神，一个跟不上，意思就会有误解，非得倒回去重听不可。

这就说明，听和看还是有很大区别的，在说话的时候要让听众觉得清楚，课堂上教的那套写文章的方法是不够的，我们还要学习专门的说话技巧。

❮ 小诀窍 ❯

信息的多维度表述

具体来说，在口语传播的时候，有三个方法能够保证我们清晰、准确地传达信息。

关键信息要多角度重复

演讲跟写文章最大的区别是，说过了就是过了，（至少现场）不能倒回去重新听。而在关键信息的表达上，"一遍过"绝对是有隐患的。

比如我们跟人约了时间，"八点差一刻集合"，人家很可能只听见了"八点"和"一刻"，所以这时候我们必须再重复一遍，"也就是七点四十五"，这个重复，就是换个角度把自己要说的话再说一遍。

再比如，我们在演讲时要表达一个论点，讲完之后肯定要论证，一番摆事实、讲道理下来，我们会发现，听众已经忘记自己最开始的论点是什么了。这还算是好的，很可能我们讲到一半人家就已经不记得演讲主题了。这就需要我们反复强调自己的主线，最后别忘了还要进行总结。

在口语传播的时候，千万不要高估听众的理解力。很多人都玩过一个游戏，就是把一句话从A传到B、B传到C……基本上过五六个人，这句话就会传得面目全非、笑料百出，而这个游戏最重要的规则，就是传话的时候不准重复，只准说一遍。所以重复，特别是多角度地重复（怕大家觉得烦，同一句话讲几遍是不行的，你必须想办法用不同的方式表述同一个意思），是避免误解和歧义最好的办法。

难懂的内容要主动留空白

你可能会觉得，演讲的时候留空白，不就是冗余、不就是废话吗？比如很多领导讲话，都喜欢插入很多的"额……""这个……""那个……"之所以废话连篇，出现这种让人很烦的场面，是因为讲话者的脑子比听众慢，不知道该说什么又硬要说，就只能用些赘词、水词硬塞进去，给人拖沓的感觉，这样当然不好。

不过你要注意，以上这种是被动性地留空白；而我们要教的，是主动性地留空白。

所谓主动留空白，意味着我们脑子比听众快，但是要有意识地等一等，等听众明白了再继续讲。这又是口语传播的一个特点了，因为我们必须要给听众留下足够的反应时间。

人类学家发现，在只有口语传播的时代，大家都习惯用很多赘词，比如非洲人讲童话、古希腊人讲神话，都有一大堆没什么意义的语气词和形容词，这是做什么用的呢？就是有意冲淡信息密度，给听众留下想象的空间和喘口气的时间。现在我们听评书、听相声，甚至是听课，如果把人家说的话一句句写下来，就会发现有一大堆的赘词，可是如果把这些赘词都去掉再念一遍，整个神韵就没有了。为什么？就是因为去掉了听众的反应时间。

所以，一段话"听起来清楚"和"读起来清楚"是不一样的。如果不留下反应时间，读起来清楚，听起来未必清楚。不信下次演讲的时候你留意一下，赘词越少讲得越快，我们会发现听众表情就越困惑。所以，有时候我们需要一些赘词来增强互动感。

比如，马薇薇讲话的时候有个口头禅，叫"对不对"。其实有什么对不对啊？她当然觉得自己是对的，这就是在给听众留时间，让他们想一想这话是什么意思。等听众想明白了，她再说下一句。而且在面对面交流的时候，如果对方的表情比较困惑，那你就可以再多解释几句。总之，正确使用赘词，不是在给演讲灌水，而是要让听众有个反应的时间，能跟着听众的节奏来演讲，信息传达也会比较顺畅。

每个人习惯用的主动性的赘词都不一样，马薇薇喜欢用"对不对"，黄执中喜欢用"你懂我意思吗"，用什么不重要，关键是找到自己最适合的一些表达。

复杂的观念要进行操作性表述

"操作性表述"这个概念听起来高大上，其实很简单。比如，我们给别人指路的时候如果说，"过这个路口，先往东，再往南，再转西，"大多数人脑子都会蒙一阵子。可是我们如果说，"前面第一个路口右转，然后两个路口都右转就到了"，这样听起来就清楚多了。为什么呢？因为不是每个人脑子里都有东西南北的方向感，可是几乎每个人都知道左手和右手。"遇到路口找东西南北"，这是个理论的思路；"遇到路口抬右手"，这是个具体操作的思路。后一个大家接受起来会觉得比较清楚。

有些领导讲话喜欢拽大词，什么"高度重视""大力开展""全面深入""苦干实干"，讲了半天，底下还是一头雾水，因为他们的讲话缺乏操作性。而会讲话的领导，则善于把这些大词变成可操作的实在话。比如说，一个工厂里要提高产能，应该怎么跟底下的人说呢？有句很简单也很传神的话："人可以歇，机器不能歇。"这种表述是最具有操作性的，比什么"大干快上""卧薪尝胆"要好得多——不管你们想什么办法、怎么排班，反正机器要一直转就对了。围绕这个目标来做事情，大家才能分解任务、各司其职，知道自己具体要干什么。

〈 使用注意 〉

在使用对应的技巧之前，应当先分析你想传递的信息属于哪一种类型，再根据信息的类型对症下药。例如，当你传递一个十分复杂的概念时，即便你用再多次的重复，或给对方再长时间的留白，也没法让对方理解你想传递的信息究竟是什么意思。这时候你很可能需要图表来辅助演示。

常用句型

- 对不对？（或"你懂我的意思吗？"）（主动留白）
- 过第一个路口右转，过第二个路口左转……（操作性表述）

避免说话啰唆

〈 误区 〉

说话啰唆是嘴的问题

很多人都有被人吐槽说话太啰唆的时候，平时聊天也就算了，如果在当众讲话时总是犯重复、啰唆的毛病，听众可就不埋单了。那么，我们怎样通过平时的自我练习，克服这个毛病呢？

其实，说话啰唆大多不是什么表达问题，而是思考的问题。背诵一篇课文，谁都不会背诵得啰唆，更不会颠三倒四。而那些所谓说话啰唆的人，让他深思熟虑去写一段话，基本上也不会像平时说出来那样没条理。可见，说话啰唆本质上是因为没有条理，想得不清楚，而不是单纯的表达障碍。

❮ 小诀窍 ❯
帮你捋清思路

方法 1：先问再答

"先问再答"对应的情形，叫作"不知所问，所以啰唆"。也就是，由于你没明白听众到底想知道什么，所以无法聚焦在真正重要的问题上。

比如说，领导问你："你对这份企划案有什么看法？"你会不会把自己当时能想到的所有意见通通说一遍呢？有些人就会，因为觉得说得多，总能碰上对的吧。就好像以前考试回答主观题，老师也是教我们能想到的都写上，更容易得分。

但是你想想，如果真这么干，领导心里的感觉是什么？他才没耐心像阅卷老师那样只要有得分点就给分呢，毕竟时间宝贵，你绕来绕去说不到他想听的，他自然会觉得你啰唆了一大堆，到底讲了些什么？

其实，这也不能完全怪你。因为"对什么东西怎么看"的这类问题，本身确实太过开放，可回答的方面非常多。这个时候，我们不妨通过反问的方式，帮助提问方聚焦他真正的疑问，挖掘他想听的方向之后再做回答。这就是我们说的"先问再答"。

继续上面那个企划案的例子：

> 你可以问一句："您是指内容上的意见，还是操作层面上的意见？"或者"我对预算和流程都有点儿想法，您想先听哪个？"很简单的一句问话，让对方帮我们聚焦，我们的答案肯定要比之前面面俱到什么都讲要精练得多。

顺便提一下，考试答主观题，我们要说多、说全，因为题目是死的，我们没法问它问题、跟它交流。现在跟活人说话，就可以通过反问帮助聚焦，把主观题变成选择题，限缩答案，避免啰唆。而在公众演讲的时候，由于很难现场问观众，这就意味着你要把功夫做在事前，先了解一下观众的大致预期和需要解决的问题，才能避免云遮雾绕、说话啰唆。

方法2：看人下菜碟

啰唆产生的另一个原因，很可能是因为我们低估了听者的理解力。因为总担心别人听不懂，所以就有一种冲动，要把自己想到的东西一股脑地全说出来。要么一个层次翻来覆去，正说反说都解释一遍；要么一个问题无限延展，面面俱到。

啰唆界的形象代言人——《大话西游》里的唐僧，他最出名的那个桥段就是跟孙悟空抢月光宝盒的时候说：

> "你想要呀？你想要说清楚就行了嘛，你想要我会给你的，你想要我当然不会不给你啦，不可能你说要我不给你，你说不要我偏给你嘛……"

这么一大段话里，他的核心意思就是一句话："想要就直说，说了就给你。"我们正常判断，都会觉得这句话没有什么难理解的，一说就懂。

而当你已经听懂了，他还继续解释你已经知道的东西，自然给听者的感觉就是啰唆。

所以我们说话的时候，非常需要大家进入听众的角色，去预判他们的年龄、职业、关系，以及对所谈话题的理解程度、熟知程度，从而帮助我们做减法。根据不同的听者，决定省略什么、保留什么，这就是"看人下菜碟"。

比如我们对女生说："你这个包很漂亮啊，是不是很贵？"

一般人回答时都会说"贵"或者"不贵"、多少钱，最多再加个牌子。可是对于爱包的女生来说，常常一提包就刹不住车了：

> "好看吧？原价买的，范冰冰同款，花了我两个月工资，我同事前两天还买了一个更贵的呢，你千万别告诉我妈，不然她一定会杀了我，之前她就数落我乱花钱，后来我都不告诉她了，根本不能让她知道其实要两万多啊……"

这一大段回答，大家觉得啰唆吗？我相信一定是有人觉得啰唆，有人觉得不啰唆。越是有相同经验的人，就越不觉得啰唆；但对大多数对包包没有什么研究的人来说，我只问这包是贵还是不贵，你却跟我说了一大堆明星的、你同事的、你妈妈的事情，这是干什么？一开始告诉我两万多就好了嘛。

所以，面对不同人，同样的话也会产生不同的效果。

方法 3：先讲中心句

第三个常见情形是对方问得清楚、具体，我们想提供的信息也一点儿都不多余，但还是会让听众产生啰唆的感觉。这种时候，问题就出在说话欠缺条理。就好比一堆横七竖八的电线纠缠交错，但凡见到的都觉得乱七八糟；可是如果整理得清清楚楚、一目了然，就会顺眼多了。视觉效果如此，听觉效果也如此。

那么，怎么把眼前的信息整理成清楚的信息，让人一目了然呢？这就要求我们：长句要变短句说，一堆短句里面的中心句要先说。还是上面那个买包的例子。

假设刚才那一大段，全部是人家想知道的必要信息，你应该怎样排列它们呢？别人问她包贵不贵，如果她说："这个买的时候是原价不打折，范冰冰同款，花了我两个月工资，我妈要是知道了肯定会骂我，两万多块的包。"你听了什么感觉？是不是很乱？明明是好几个短句，非连成一个长句说，使句子的结构不清晰，听了半天，最后才听到主干意思，自然觉得啰唆。

截成几个短句后，大概有这么几个意思：首先，包花了两万多，这是说价格；其次，用"原价不打折""范冰冰同款""两个月工资""妈妈知道了会骂"来描述这个价格算不算贵。

中心句是哪句？自然是"这包要两万多"，其他那些解释"有多贵"的语句可以放后面。所以我们换种表达来看看——

> "你问贵不贵？当然贵啦，两万多呢。没打折，买的明星同款，花了两个月工资，千万别让我妈知道啊！"

你看，同样的字数，这样是不是就显得精简多了？

❮ 使用注意 ❯

在平时有意识的练习中，我们可以通过定时发言来练习。比如，要求自己把一件事或一个问题在 20 秒内说完，用固定的时间来训练自己筛选内容和组织语言。限定时间能有效逼着自己把话说精炼。我们练习的时候，第一次不满意就重说，直到满意为止，帮助自己养成长话短说的习惯，慢慢克服啰唆的毛病。

常用句型

● 我对预算和流程都有点儿想法，您想先听哪个？

用提问的方式确认对方想听到的内容，避免啰唆。

● 我认为是这样的，原因有三点……

先讲中心句，再说原因或其他描述类语言。

06.
辩论

通过对抗争取第三方支持

辩论，是一种"权力在他方"的说话场景。对话双方的目标是争取在场的或者某个预设的"中立第三方"，需要就针锋相对的立场开展攻防。

　　在五维话术体系中，相较于沟通、说服、谈判、演讲，辩论更强调对抗性，它对中立第三方的影响也主要是借由对抗产生的。

　　对于普通人而言，辩论训练对于提升反应力、洞察力和大局观很有帮助。而在这个充斥着忽悠和不靠谱的世界里，辩论思维也是一种必要的"心智防身术"。

反应和判断能力可以说是辩论的基本素质，它们都是为了让人准确地意识到对方存在的问题。反应慢，还可以慢慢练；反应错，就会越走越偏。所以，我们将以反应为主题，谈一谈如何应对反应慢这个常见缺陷，以及"陷阱式提问"和"洗脑式忽悠"这两种常见的问题。

反应慢怎么办

‹ 误区 ›

他快他赢，我慢我死

很多人害怕跟人辩论，就是因为脑子慢、跟不上。他们觉得，辩论就像打架，全凭反应快。对方一拳过来了，如果要想很久才知道如何招架，自然就会被打趴下。既然在辩论时谁都不愿意吃哑巴亏，这时候问题就来了，大多数人反应没那么快，怎么办？

实际上这话对打架来说是真的，对辩论来说却不一定。因为辩论不是两个人之间的事，你来我往、唇枪舌剑，其实是说给中立第三方听的。单纯只是反应快，只能噎死对手，不一定能赢得观众。说白了，要是只有两个当事人，那也没什么可吵的；辩论的真正目的是为了让大家来评评理。这与其说是需要"反应快"，倒不如说是需要"反应准"。

❮ 小诀窍 ❯

以慢打快

反应快，当然是辩论时的加分项，但是这得慢慢练，由慢到快循序渐进，没有什么捷径好走。不过对于初学者来说，首先要解决的不是速度问题，而是准确性问题。只要掌握复述问题、慢而不断、化繁为简这三个诀窍，不需要跟人比拼速度，也能稳稳当当地把道理讲清楚，在激烈的争论中捍卫自己的立场。

第一招：复述问题

很多人害怕辩论是因为心虚："对方要是突然问我一个问题，答不上来怎么办？"可是你要知道，身为在辩论中全神贯注的一方，当我们反应不过来的时候，大多数观众其实也反应不过来。所以，无论如何，先不要担心。

而且，很多问题我们之所以一时不知道该怎么回答，是因为这个问题本身就"有问题"。所以我们要做的往往不是回答它，而是把它用自己的话再复述一遍，好让大家能明白里面的荒谬。

比如，辩论的时候经常会遇到对方以这样的逻辑抬杠：

> 你说你要减肥，他问："你想饿死啊？"
> 你说你不穿秋裤，他说："你想冻死啊？"
> 你说这个鸡蛋真难吃，他问："难道你要吃鸡毛吗？"

很多人听到这种话，都是一口老血憋在心里，觉得对方胡搅蛮缠，却又不知道该怎么回应。其实很简单，我们别着急地跟对方以快对快，我们要慢慢地重复一遍这个问题，大家就会发现它有多扯淡。

比如，你可以假装笨笨地这么说："你说我要吃鸡毛？没有啊？你为什么会觉得我要吃鸡毛呢？鸡蛋不好吃，为什么就会吃鸡毛呢？好奇怪啊。"

可见，这些扯淡的逻辑都是藏在对方话里的。你非要靠反应快，第一时间顶回去，反而容易中埋伏、吃暗亏。如果你不着急，慢慢把它复述出来，让大家清清楚楚地看到对方有多荒谬，其实是一种更好的反驳。

第二招：慢而不断

反应慢，其实在观众的心里并不一定是劣势。因为只要我们有一以贯之的逻辑，一步一步地慢慢讲，观众心里是会自动脑补很多潜台词的，比你像机关枪似的不停地说效果要好得多。但是一定要注意，不要偏离自己原有的逻辑，不要被对方带跑了，我们的逻辑线不能断，这就叫"慢而不断"。

还是拿刚才那个例子来说。我说鸡蛋不好吃，对方要我去吃鸡毛，我如果真开始跟他讨论鸡毛不能吃，看起来反应快，其实就是被他带跑了——

"鸡蛋不好吃。"

"东嫌西嫌，那你为什么不去吃鸡毛呢？"

"神经病，鸡毛又不能吃。"

"对啊，鸡毛不能吃，鸡蛋能吃，能吃的你觉得难吃，不能吃的你又不吃，你到底想怎样？"

所以，真要辩论的时候，很多所谓反应快的人都喜欢纠缠一些特别无聊的问题，貌似以快打快，其实只是把辩论变成了斗嘴，在旁人眼里一点意思都没有。

所以这个时候，我们要做的不是回应对方有关鸡毛的问题，而是回到自己原本的问题上来——

> "鸡蛋不好吃。"
>
> "东嫌西嫌，那你为什么不去吃鸡毛呢？"
>
> "不好意思，我反应慢，不太理解鸡蛋和鸡毛的关系，我们还是回到刚才的问题上来。我觉得这个鸡蛋难吃，是因为它太咸了，如果你觉得这个鸡蛋好吃，请给我一个理由，不要扯别的。"

其实，很多诡辩都是挖个坑让我们跳。对方冷不丁问一个问题，就是希望我们快问快答、没时间思考。这时候，千万不要跟对方斗气、你快我也快，而是要让节奏慢下来。我们要经常问自己：对方这个问题跟我原本的逻辑是什么关系？我有没有必要回答他这个问题？

在这个时候，反应慢一点反而才安全。

第三招：化繁为简

反应慢，是因为问题太多应接不暇，那不用想那么多问题不就可以了吗？其实很多时候，无数个小问题都可以包含在一个大问题里面。只要掌握了这个大问题，就可以把那些小的东西归纳进来，不用一个一个去回应，自然就不存在反应不过来的问题了。这就像是无数条分岔的小路总归要通到主路，我们只要把握住这条主路，在辩论中就不会迷路。

继续上面案例的分析：当你说鸡蛋难吃的时候，可能会遇到无数的反驳，但你仔细想想，无论对方反驳什么，归根到底，都是在质疑你吃东西的品位——所以只要了解这一点，事先有个预期，就能够迅速地把所有问题都归到这条最根本的主路上来。

　　比如，当你说这个鸡蛋难吃时，对方说："那你为什么不去吃鸡毛呢？"

　　你可以傻傻一笑，慢悠悠地回答："你这么说，无非是要质疑我的品位嘛，可你知道我吃过多少种做法、多少个产地的鸡蛋吗？你没吃过好的，有这种质疑也不奇怪啊。"

　　在这轮辩论中，最关键的一步是证明自己是有品位的，是有资格评价这个鸡蛋的。既然万变不离其宗，总归是要讲到这个问题上来，那你事先认真想想怎么证明自己的品位不就行了吗？既然敌人总要走这条路，你事先把工事修建好等着就行了，反应慢一点，又有什么好怕的呢？

　　总之，很多时候对方所谓的"反应快"，都是建立在岔开话题、回避核心争议的基础上。因此，作为反应慢的一方，我们最优先要做的事情其实不是快速回应、去占场面上的便宜，而是要沉下心听清对方说的是什么，再结合上面三个原则，自然就能把该讲清的东西讲清了。

❮ 使用注意 ❯

　　看到这里，很多人也许会问：就算我也想照你说的以慢打快、慢慢讲，可是万一对方不给我时间，我该怎么办呢？

　　在此，还记得我们第二章提到的"买时间"策略吗？可以回顾一下哦！

常用句型

● 等一等，我反应慢，你不要骗我……

对于反应慢的人，最有效的避免落下风的方法就是努力让讨论节奏放缓。所以，多用"等一等""好像哪里不对吧"这样的说法，先缓和节奏，之后无论是复述对方的问题，还是继续自己的论述，都会更加从容。

● 我们原本讨论的好像是……

时刻提醒大家，我们原本讨论的重点是什么。这样，即使场面上看起来可能暂时吃亏，但至少不会被带偏主线。

● 你无非是在说……

明确对方的潜台词和讨论核心，摆脱对方的花招对自己的影响。

怎样回应陷阱式提问

‹ 误区 ›

顺着对方思路回答

生活当中，我们总会遇到一些人不怀好意的陷阱式提问。

陷阱式提问，俗称"刨坑"。就是通过提问，来引导我们得出某个预设的、其实自己根本不同意的结论。最简单也是最常见的例子就是："老婆和老妈都掉进水里，你要救谁？"除了拒绝入坑，没有全身而退的答案。在生活场景里，也有大量形式相近但却更为凶险的陷阱。

而面对这样的陷阱问题，一般人是如何应对的呢？

很多人在遭遇到陷阱式提问时，并没有意识回避，往往顺着对方的思路跌落"坑"里。例如：

> 在电影《疯狂动物城》中，兔子警官朱迪找到了失踪的发狂动物，受到了表彰。可是她在记者会上，却毫无自知地连续陷入记者三个提问的陷阱。我们来分析一下其中的凶险。
>
> 记者的第一个问题："野蛮化的动物，在种族上有什么特别之处？是不是只有肉食动物野蛮化了？"
>
> 稍有常识的人都能看出，询问罪犯的种族特征，最终目的都是为了搞个大新闻，给某个种族贴上罪犯的标签。但是兔子朱迪完全没有觉悟，老老实实地回答："是的，目前只有肉食动物野蛮化了。"
>
> 于是，在第二个问题里，记者就刨了一个更大的坑，问："只有肉食动物'会'野蛮化吗？"
>
> 请注意，朱迪前面说的"目前只有肉食动物野蛮化"是一个事实描述，但记者后边问的"只有肉食动物'会'野蛮化吗"则是一个非常危险、非常政治不正确的性质判断。
>
> 更何况，从逻辑上来说，如果"我见到的变态都是男的"，并不代表"只有男的会变态"，所以目前发疯的都是肉食动物，不代表只有肉食动物会发疯。然而朱迪并没有识别出这个逻辑陷阱，她直接回答："是的！"
>
> 而当记者追问第三个问题，也就是"为什么肉食动物会野蛮化"的时候，朱迪可能已经蒙了，为了圆场，也就是解释清楚自己为什么这样说，反而越陷越深，把局面弄得更加不可收拾。

她说："可能跟DNA（脱氧核糖核酸）有关系吧。毕竟，数千年前，肉食动物就是靠攻击和猎杀来维持生存的……"话说到这儿，朱迪的言论就变成了这场歧视风暴的源头，再也不能翻身了。

回顾以上的过程，你会发现陷阱式提问就像一个只进不出的巨坑，一旦陷入就会越解释越糟糕。不过，其实只要一开始的时候，朱迪对问题的走向有足够的警觉，就可以绕过这个坑，还可以向在场所有人指出这个陷阱。这样一来，就不会有人责怪她逃避问题了。

‹ 小诀窍 ›
点破意图

第一步：增强意识，发现陷阱

我们同样用《疯狂动物城》的例子，来解释该如何面对陷阱式提问。

记者："野蛮化的动物，在种族上有什么特别之处？是不是只有肉食动物野蛮化了？"

朱迪："我知道你很关心这些发狂的动物有什么特征，可我不明白，这跟种族有什么关系。"

记者："我的意思是，目前看起来，所有野蛮化的都是肉食动物，所以是不是说，只有肉食动物'会'野蛮化呢？"

朱迪："目前野蛮化的动物的确都是肉食动物，但相对我们动物城的人口数量，野蛮化的动物只是特例。没有任何迹象表明，野蛮化与种族有任何关联，也没有任何证据显示，只有肉食

动物会遭遇野蛮化的变异。"

所以，当涉及种族、政治等敏感问题时，要谨慎小心，提高防范意识，在对方问出问题时就发现陷阱，并规避它。

在这个例子中，朱迪话说到这里，其实就相当不错了。然而这只是避免了自己掉进坑里，接下来，我们可以用进阶式招数对刨坑的坏人来一点惩罚。

第二步：斥责刨坑者的动机

再举个例子，NBA（美国男子职业篮球联赛）勇士队的球员格林曾经遇到一个不怀好意的记者提问："去年你们来休斯敦比赛时，洪水一来，你们就输了；洪水一走，你们就赢了。今年你们又来休斯敦，也是洪水一来，你们就输了，呵呵，你怎么看？"

格林迅速就判断出，这个记者应该是为了博人眼球，故意炒出一条无聊的新闻，才会不断向他暗示——他们的胜负和洪水之间似乎有什么神秘的联系。

于是格林不仅直接拆穿了对方的陷阱，还顺便怒斥了对方伤天害理的"陷阱式提问"。

格林说："哥们儿，因为洪水，这里的人失去了家园、失去了亲人，甚至失去了生命。我们这些天一直在帮忙搞募捐，帮忙做这做那。你呢？你居然有心情拿洪水跟我开玩笑？我真是为你感到羞愧！"

格林的怒火，不仅没有被看作公开场合的失态，还获得了非常正面的反响，让大家对他的人品分外尊敬。所以，不要害怕遇到类似这种带坑的问题，如果能发现、拆穿并痛斥对方的陷阱，它还能转化成一个公众表达的好机会。

❮ 使用注意 ❯

需要说明的是，我们这里讲的陷阱大多是面对公众，你的回答可能会在舆论中被误解，所以才需要格外注意。

但生活里有些类似的问题与公众无关，比如女朋友问你跟前任是怎么分手的，面试官问你你最大的缺点是什么。这些问题虽然也是坑，因为怎么回答，说轻说重都会有问题，但是他们只是想要了解你的看法，犯不着拆穿和指责。

常用句型

- 你这种问法只是想通过我的话来证明××的观点，但事实却并非如此。

  区分事实与观点，避免被对方带入陷阱。

- 你这样提问只是想套出我的话，并歪曲报道，我真为你有这样的想法感到羞愧。

  点破对方用意，先发制人。

反忽悠的心智免疫法

〈 误区 〉

怕忽悠？那我不听总可以了吧

如果有人拿着似是而非的东西来忽悠我们，想给我们洗脑，应该怎么提防呢？

有人可能会觉得，不被忽悠还不简单，不听他的不就行了，顽固一点不就行了。可是，满大街都是广告，我们能一眼都不看吗？每天都会接触各种洗脑术，我们能什么都不想吗？如果只靠坚定的意志就能站稳立场，世上也就没那么多骗子了。

这就好比练武术，没有哪个师傅会告诉你只学进攻就能习得武术，别人打过来时我们死扛不认输就行了。不管是闪转腾挪还是见招拆招，防御总是一个重要的练习项目，和练习进攻一样需要下功夫。而不被忽悠的实质就是心智防身术，心智防身术中最常用也最好用的技巧就是"心智免疫"。

〈 小诀窍 〉

先打预防针

第一步：关键词脱敏，做到态度免疫

很多人觉得，不接触不同观点或者见到不同观点就一棍子打死，肯定就不会被忽悠。其实正好相反，有些忽悠是春风化雨、润物细无声，我们想拒绝都不知道从哪里开始；有些忽悠是故意激起我们的反驳，然后打一个防守反击让我们猝不及防。所以关键不是塞上耳朵不听，而是态度上要脱敏。毕竟，人被忽悠是正常的，防忽悠是必需的，遇到忽悠不着急、不上火，这才是正确的态度。

要知道，你对某件事越是敏感，反应越是激烈，你反而越容易受影响。为什么呢？就像皮球压得越紧，反弹就越厉害；钟摆拉得越高，摆荡回去的幅度就越大。所以，当你发现事情没有你想的那么严峻的时候，你的态度最容易被过度修正。

举个例子，据警方总结，很多人误入非法传销窝点，第一时间当然都是抗拒的，因为他们根深蒂固地认为，传销者都是一群面目可憎、凶神恶煞的家伙。可是，为什么最后他们却被洗脑成功了呢？就是因为进了传销窝点一看，那帮家伙也没那么可怕嘛，既不打也不骂，天天拉着自己唱歌做游戏，端茶送水讲笑话，反而显得自己一开始的拼命抗拒很可笑。所以反应过激其实反而使自己更脆弱，因为这意味着你很容易被敲开第一条裂缝。

当年美国著名的邪教团体"大卫教派"，便是利用外界对于他们的过激反应来加强自己信徒的忠诚度的。他们的"教主"会指着报纸对信徒说：

> "这上头写着，你们都是受迫来的！"
>
> （信徒笑）
>
> "你们每天生活在痛苦与绝望中！"
>
> （信徒笑）
>
> "上头还说，我每天都用谎言在给你们洗脑！"
>
> （信徒大笑）
>
> "而你们知道，谁才是给你们在洗脑吗？这些充满谎言的报纸、媒体……才是在给外面那些人洗脑！"

同样的道理，有些对传销特别敏感的人也会认死理，不管对方说什么都是一句："你们是来骗我钱的，我信不过你们！"

可是，如果人家一开始根本不跟你谈钱，你不就尴尬了？事实上，善于忽悠，就是善于给炮弹包上糖衣，人家好言好语叫你去"听课"，而且还现身说法，讲自己当时也跟你一样有抵触情绪。这一来二去的，你的态度自然就会软化，甚至会觉得伸手不打笑脸人，反而自己显得理亏了。

所以，面对洗脑，脱敏是第一步。

第二步：模拟辩论，做到论点免疫

疫苗之所以能起作用，是因为它能让我们的免疫系统知道病毒长什么样子；而我们要防忽悠，也正是要模拟对方可能使什么招。在辩论上，这个环节叫"模拟辩论"，简称"模辩"，就是在辩论前把对方所有可能的论点都在底下过一遍，先想想怎么驳，这样上场之后，自然就能做到论点免疫。

还是拿传销洗脑来举例。传销组织把人稳住之后，就要开始跟他们讲所谓的"道理"了。而且他们早有准备，会针对一般人对传销的反对理由逐条进行反驳。

> 如果你说："传销不合法。"
>
> 他们会说："不合法，但也不违法啊！因为根本就没立法嘛！"
>
> 或者说："我们是直销，不是传销，那些非法传销跟我们没有关系。"
>
> 而如果你追问："你们不违法为什么非要骗我过来？"
>
> 他们会说："骗有善意的骗和恶意的骗，我们这是善意的啊。"

或者说："直说会引起误解，而且直说也说不清楚啊。"

类似的反驳还有很多，甚至还有说国家暗中支持传销的，总之就是人家已经预料到大多数人会问什么，早就准备好了该怎么说，这些都是套路。

所以，之所以很多人都会被传销组织洗脑，就是因为别人有预案，我们没有预案；对方已经摸清了我们的论点，我们没有摸清对方的论点。这就跟打仗一样，谁事先对敌人了解得透彻，谁在实战的时候就占上风，正所谓"知彼知己，百战不殆"。

你稍微用常识想一想就会知道，不是每一个违法行为都需要专门立法来禁止的，不然国家得出台多少部法律。又比如说，靠发展下线赚钱一点儿都不"直"，还谈什么"直销"呢？再比如说："你都把我骗过来了还说是善意的，那你有本事买张机票善意地送我回去啊？"这些反驳其实并不难，只要花点时间认真想想，你自己就能琢磨出来。关键是要事先在脑子里过一遍，不然临场真不一定反应得过来，很可能一下子就被对方说动了。

第三步：模仿表达，做到影响力免疫

如果通过模拟对方的思路已经做到了论点免疫，那就可以进入最后一步——通过模仿做到影响力免疫。这就是说，很多时候，对方之所以有说服力，倒不是因为观点有什么了不起，不是逻辑和论据让人心服口服，而是因为有极强的渲染力和表现力，能绕过我们的理性，直接在感性的层面起作用。

比如，早年万宝路香烟有一则非常著名的广告，画面是健硕的西部牛仔，一边骑马一边吸烟。它讲了什么道理吗？没有，但就是

让我们本能地觉得吸烟很酷。

这个时候，就只能以毒攻毒——你不是不讲道理吗？我也不讲道理；你不是很酷吗？我就模仿你那个样子让你不酷。

有一则反对吸烟的公益广告，就直接拿万宝路的牛仔形象开涮。你不是牛仔吗？我也牛仔；你不西部吗？我也西部。我每个细节都跟你一样，甚至演员都长得差不多，只是他一边哆嗦一边咳嗽。这叫二次创作，通俗点说就是恶搞。看过这则广告的人，再看那则所谓万宝路牛仔的形象，味道就变了。

美国有些中学做过尝试，只要给学生上 2~6 小时预防吸烟课，让他们看看这样的反吸烟广告，讲解一下怎样抵制来自同伴的吸烟压力，青少年在未来两年内开始吸烟的比例就能下降一半。这就是"影响力免疫"的力量。

❬ 使用注意 ❭

所谓的忽悠和洗脑，目的都是要改变我们的态度。换言之，当我们抵抗忽悠和洗脑的时候，其实也就是抵抗被改变。所以，它虽然会让你不容易被影响，却也很容易让你变成一个顽固的人。

因此，这些技法其实是中性的，我们只能教你避免受影响，至于要挑选什么样的对象还得靠自己判断。

辩论所需要的核心能力，是对谬误的反驳。有一些神逻辑，我们只是隐隐觉得哪里不对，却怎样都说不清楚问题到底出在哪儿，只能瞠目结舌、暗暗生气。正所谓书到用时方恨少，人在遇到谬误的时候，往往才发觉自己的辩论水平不够。那要怎么提高呢？下面，我们以三则常见的神逻辑，也就是"认真你就输了""你行你上啊""我走过的桥比你走过的路还多"为例，给你示范辩论中的反驳之道。

如何反驳"认真你就输了"

‹ 场景 ›

用态度定输赢

抬杠，也是人际交流中常见的一环。你可以不喜欢它，但是你不可能避免它。有一句经常用来抬杠的话，叫作"认真你就输了"。虽然对方说这句话的时候大多只是调侃，但是严格来说，这种把"讨论道理"变成"讨论态度"，并且事先挖坑给对方跳的做法（因为接下来无论你较真还是不较真，似乎都有问题），在辩论上其实有点滑头，甚至有点流氓。

很多讲道理的人，之所以面对这种流氓思路时会败下阵来，最主要的原因就是太容易顺着对方的思路走。当他们千方百计地想跟对方解释问题，结果对方一副死活不讲道理的样子给自己来上这么一句，大部分人当场就会内伤。有些人开始纳闷："我怎么就输了？"有些人则开始检讨："我真的是太认真了吗？"

❮ 小诀窍 ❯
抛开输赢

第一步："我在讲道理，只有你在讲输赢"

当对方用这样的神逻辑针对你的时候，你第一步就要指出："你会这么说，就是因为你已经讲不出什么道理了，只好避重就轻，跟我谈态度问题。"

更重要的是，在讲道理的时候，我们的目的本来就不是为了要赢过对方，可是当对方说出一句"认真你就输了"，就说明对方只重输赢的低级本质。这样一来，我们便可乘势确立自己"认真、讲道理、不在意输赢"的形象。不要忘了，辩论本来就是针对第三方的说话场景，所以你要做的不是噎死对方，而是要争取旁人的眼光。

第二步："如果讲输赢，那你已经输了"

辩论中有一个常用技巧，叫作"同理反抽"，意思是根据对方的逻辑（同理），得出反驳对方的结论（反抽），也就是"以彼之道还施彼身"。道理很简单，对方的逻辑既然是错的，那这个错误的逻辑用在对方身上，他一定也是受不了的；而由于这个逻辑来自他自己，他又不好否认，这自然就形成了一种漂亮的反驳。

所以，当对方说"认真就输了"，你可以想一想——对方这样说，就是把"认真"当成了坏事，可是对方自己有没有认真的地方呢？如果对方说这句话本身就有认真的成分，那对方把"认真"当成反对你的理由，不是自己打自己的脸吗？

想通了这一点，你可以淡淡一笑，说："我们只是在讨论而已，你居然会计较输赢，干吗这么认真呢？"之前你只是在讲道理而已，并没有提到输赢，而对方居然先提到输赢，那根据对方"认真就是输"的推理，显然对方更认真，输得更惨。这样，对方就被自己的逻辑噎得哑口无言。

当然，我们的目标并不是把对方噎死，而是争夺话语权，并且进一步提出自己的解决方案。当对方在自己的道理领域觉得理亏时，正是他话语权最弱的时候，所以接下来我们要做的就是第三步。

第三步："嫌我认真，我就要更认真"

对方嫌你认真，就是希望你不要认真，可是如果在这个层面上讨论问题，你就永远不可能赢过他。话说到这一步，你就要摆出比对方更高的态度，进行"降维打击"。

什么叫"降维打击"呢？就是不跟对方在一个层面上说话。形象地说，我们是三维生物，纸上的画假如有生命的话，就是二维生物。低维度的生物理解不了高维度的生物。正如我们能理解画意，而画里的生物即使有知觉，也不能理解我们是如何在空间中存在的。所以，所谓"降维打击"，就是让对方觉得自己根本和我们不是一个世界的人，我们的层次远远高于他，有一个不一样的"维度"存在。这种打击才是致命的。

所以，在对方被我们噎得说不出话的时候，我们要重新定义他对于输赢和辩论的认知："傻孩子，所有的辩论，目的都是为了解决问题，所以辩论本身就是一件很认真的事。如果我们不认真，干吗在这里浪费时间呢？我不知道认真会不会赢，但是我知道不认真就一定会输。现在，我们就一起来认真地讨论一下问题吧。"

在这里，我们首先是在目的上显得比对方更为成熟大气，完全不是为了发泄情绪；其次，在输赢看法上，化你死我活的输赢争夺为大家一起解决问题的双赢解决方案。无论这个解决方案是否高明，起码会比对方完全没方案要更合理，也更得体。

〈 使用注意 〉

首先你要区分，对方说这句话的出发点是在开玩笑，还是真的打算噎你。

比如对待网络上的一些段子，你问他：这是不是真的啊？对方回答：认真你就输了。这时双方哈哈一笑就过去了，不需要来这么一套。

可是对待网络上某些可能的谣言，或双方认真讨论某个话题时，对方再使用这种反驳技法，我们就可以依照上述技巧反驳回去。

常用句型

- 我在乎的是道理，原来你在乎的是输赢啊！
- 既然如此，这么认真计较输赢的你，岂不是已经输得很惨？

如何反驳"你行你上"

❮ 误区 ❯

上就上，谁怕谁

世事任人评说，对事情发表评论，本来是每一个人的权利。但是有时候，我们只是想简单地表达一下自己的看法，却会遇到这样一个神逻辑：对方一脸不置可否，只扔来一句"你行你上啊"。

此时，我们也知道对方说这句话的目的是为了呛声，故意惹我们生气，但如果真的一时冲动，选择了"上就上，谁怕谁"的态度，反而更容易落入对方的陷阱——更何况多数情况下，我们也真没能力上。

❮ 小诀窍 ❯

责任反弹

对方之所以会产生"谁行谁上"这样的态度，是因为他们对自己的角色认知与听者不一致，或者他们不想承担自身角色对应的责任。说白了，他们就是想把自己应该承担的责任丢给我们，所以这时候我们的第一反应应该是稳稳接住对方的呛声并且反弹回去。我们有三个方法，它们没有优劣和先后之别，只是应用场景稍有不同。用了这三个方法，对方不一定会服气，但我们自己肯定不会再生气；对方不一定会认错，但大家都会知道他错在哪里。

方法1：澄清各自的角色

如果和对方压根儿没什么交集，我们可以直接澄清，彼此角色不同，自然责任也不一样，所以我们既不需要"行"，也不需要"上"。

比如，很多网友早就被"你行你上"这句话烦透了，所以他们会直接回复："我怨个鸡蛋不好吃，还得自己会下蛋不成？"这就是通过类比来告诉大家，角色不同，责任也不一样。

又比如，人人都喷中国足球踢得烂，但总有些很讨厌的人会在旁边说："老说中国足球不行，那你行你上啊，让你去踢，你踢得下去吗？"这时候，我们完全可以回应说："你让我踢，我是踢不下去；那让你看，你又看得下去吗？如果不是国足不行，难道还怪观众不行吗？"

这种说法，其实是在强调球员踢球不容易，观众看球也痛苦，大家各有各的责任，各有各的难处。所以，我不要求你忍，你也别强求我踢。

但是，如果我们和对方有交集，制造的问题对自己有影响，那就需要换一种方法。

方法 2：指出对方在逃避

"你行你上"这句话的核心逻辑是：如果你有这个能力把事做好，就应该直接把这件事做了；如果你有更好的方案，就应该直接提出，总之你不许说我。所以在实际使用中，"你行你上"这种说法，往往只是对方为了逃避责任的托词。这个时候，你完全可以大大方方地承认自己就是不行，把对方架在制高点上，使其下不来台。

说个实例。邱晨上中学的时候人缘不坏，但是特别喜欢较真儿，一会儿抱怨学习委员学习不好，一会儿抱怨班长办事不力。比如：

> "班长，你办事怎么这样呢？"
>
> "那你行你上啊，你以为班长这活儿好干吗？"
>
> "我就是知道自己不行，才没有竞选班长嘛！你既然当选了，我以为你一定比我行呢，看来是我看错你了！"

话说到这个份儿上，对方还能逃避自己的责任吗？毕竟，地位越高，责任越大，你行，你已经上了，那我从下往上批评你，你又能抱怨什么呢？

方法3：锁定对方的责任

当对方的存在本身就影响着我们的生活时，我们可以直接锁定对方真正的责任。只是有时候我们忽略了"机会成本"这个概念，无法分辨对方真正的责任是什么，才导致会被"你行你上"这样的话噎住。

不知大家有没有想过，我们看某个人不顺眼，仅仅是因为他事情办得不够好吗？不。我们之所以不爽到一定要批评某个人，是因为他占据了位置、消耗了资源，还排挤了其他可能把事情办好的人，这就叫"机会成本"。因为这个世界本来就不是或至少不完全是"谁行谁上"的，上位的机会那么有限，有你在，其他人就没有机会。

所以在大多数情况下，"我做到这一步已经很不错了"并不足以为你辩护，因为很有可能别人会比你做得更好。所以，对方最大的责任不是事情没做好，而是浪费了世上最稀缺的资源——机会。

在某次演讲中，乐视的首席执行官贾跃亭抱怨百度（Baidu）、阿里巴巴（Alibaba）、腾讯（Tencent）组成的BAT搞垄断，害得其他创业者无路可走。马云就问他："如果你成了BAT中的一员，你会做得更好吗？"我不得不说，马老板的这个问题很巧妙。当时贾老板就蒙了，说了几句大而化之的话，就让这个问题滑过去了。

其实，贾老板错失了一次大好机会，去锁定BAT作为大企业的真正责任。他完全可以说："马云老师，每个创业企业面对BAT

时都会希望'长大后我就成了你'。但垄断的后果就在于，你让我永远成为不了你。所以你问，"我成了BAT的话会怎样"，我可以坦诚地告诉你，我不知道，也没人知道，因为这位置你占着呢，而这就是垄断真正的问题！"

在这种情况下，如果我们只谈自己做得好不好、能不能上，就掉进了对方的陷阱。所以正确的做法是，既然要回应，就要锁定对方的真正责任，那就是占据了机会、浪费了可能性。

‹ 使用注意 ›

对方使用"你行你上"的呛声时，并不一定会用出原话，要注意对方用语的变形，比如，"抱怨是廉价的，有本事你自己来啊""指责别人容易，自己做好才难"，诸如此类。它们形态不一，但逻辑相似。以上所说的应对技巧，不仅是想帮助我们别被无赖呛住，更希望我们能理解这背后的逻辑，别不小心犯了相似的错误，制造出同样的问题。

常用句型

- 我就是知道自己不行才没上的，你上了，我还以为你行呢！
- 就是因为你一直处在这个位置上，我才上不去的啊！你想让我上，你先下来好不好？

257

如何反驳"我走过的桥比你走过的路还多"

〈 场景 〉

不能顶嘴，但心有不甘

我们常常会遇到一些人特别喜欢以长辈和"过来人"的姿态，对我们的生活提意见。说好听点儿叫提意见，说难听点儿叫指手画脚。我们如果不听，人家是长辈，不能得罪；如果听，又觉得他们说得不对，很心塞。

这种有苦难言的情景，在每一次逢年过节的家庭聚会都会上演。刚毕业的要面临择业的迷茫，单身狗要面临被催婚的苦恼，各家大姑、小姨、他二舅轮番轰炸，个个苦口婆心。一开始的时候，我们一般都还能保持理性和克制，跟对方摆事实、讲道理，告诉对方时代不同了、环境不同了、观念不同了，旧的经验未必能解决今天的问题，他们眼中的问题在今天都不是问题，等等。

这样做都是理性和友好的，值得肯定。如果对方是个讲道理的人，可能会理解我们的选择。但现实往往是，我们就事论事、道理讲尽、嘴皮磨破，然而对方不想跟我们讲道理，只会不断重复那几句老话：

- "听我的准没错。"
- "我走过的桥比你走过的路还多。"
- "有些道理，等你到了我们这个年纪就知道啦。"
- "我们怎么会害你呢？"

这时候，作为晚辈的我们常常就被噎住了。他们这么讲，我们还能说什么？

《 小诀窍 》

强调"我"才是主体

很多人觉得，这些话简直无法反驳，主要是陷在了这句话的字面意思里。是啊，他们确实是年纪大、阅历多，但我们换个思路想想，即使这些都是事实，也不代表我们就得听他们的。反驳这句"我走过的桥比你走过的路还多"主要有三种思路。

思路 1：在偏好问题上，指出它与经验无关

当长辈指点我们的时候，有些问题是属于个人偏好。而青菜萝卜各有所爱，在偏好问题上，一个人的经验是多是少是没有关系的。就像你喜欢看爱情片，我喜欢看动作片，这时候你摆出一副老经验的姿态告诉我："我看过的电影比你多多了，告诉你啊，看电影就要看爱情片。"请问这种建议有意义吗？

所以，如果我们的方向根本就不一样，他们的经验就没有用了。

又比如说，长辈给我们介绍的相亲对象颜值爆表、才貌双全，可偏偏不是我们的菜。

> "我上次给你介绍的对象，你怎么老是不愿意去跟人家见面呢？"
>
> "不是啦，二姑，我真是觉得不合适。"
>
> "你这孩子，二姑难道会害你吗？我走过的桥比你走过的路都多，这个姑娘错不了。"
>
> "二姑您误会了，您阅人无数，经验当然没的说，这姑娘一定是好的。我的意思是，喜好这种东西跟经验没关系，您的经验再多，这方面也帮不上我的忙。"

思路 2：在成长问题上，点明经验的真实价值

有时候，长辈指点我们的内容是他们在过去成长过程中所得到的教训，这属于成长中的经验之谈。

比如案例中那位二姑，还可能这样说：

> "傻孩子，二姑当年也跟你一样，挑对象都挑自己喜欢的，死活不愿意听长辈的。我告诉你，过几年你就知道吃亏啦！"

乍一看，这种指点很难反驳，因为她会用经验告诉你，你现在所做的抵抗和她老人家当年是一样的。不管你怎样抗拒，她都会拿自己当例子，说你现在正在走她当年的老路。

可是再进一步想一想，真正值钱的经验一定是在试错中积累的。所以，他们在这里其实存在一个悖论：如果用老资格压你的长辈自己年轻的时候对长辈也是言听计从的，那他自己的"经验"其实根本就没有意义，只不过是对上一辈人的复制；而如果他的路是自己跌跌撞撞走出来的，那就意味着他之所以有资格教训你，恰恰是因为他自己并没有遵循老一辈的教导！

有趣吧？明白了这个道理，你就可以这样应对。

> "我走的桥比你走的路还多，信我准没错，你也不想再走我当年的弯路，是吧？"
>
> "二姑，您之所以会有这些宝贵的经验，也是因为年轻的时候没听人劝，而我如果现在就照您说的做，我的人生就没有经验了。"

其实，这招的思路就和游戏里打怪升级是一个道理，有怪出没，不见得是坏事，反而是个攒经验值的机会。所以，对方看似助我降妖除魔，

实际很可能是揠苗助长，这是你要想让对方明白的道理。

对比一下，如果你不用"借力打力"的办法，而是直接否认对方经验的价值，比如："您走了这么多路，现在好像也没有很了不起啊？"这就属于大不敬了，谅你也不敢。所以，当我们既希望否定对方的观点，又要尊重对方时，就只能用捧对方的办法，借力打力，暗度陈仓。

思路 3：在责任问题上，要明确权利关系

一般来说，当长辈给你建议的时候，他们往往没有意识到，如果你听了他们的话，那他们就要为你的后果负责，所以你在最后关头，可以亮明底线，指出这一点：

> "二姑都走过这么多弯路了，总结成经验告诉你，你为什么偏偏不听，要再找罪受呢？"
>
> "二姑啊，正因为您跟我打了这么多包票，所以要是这次我听您的，那万一以后这个姑娘有什么不合适的，我总不好再回来找二姑负责吧。"

一句话终结战斗。潜台词就是这责任他们付不起，所以拜托别瞎指挥啦。

〈 **使用注意** 〉

在跟长辈对话的时候，对方是否觉得你在呛声，全看你语气如何。如果想弱化冲突，可以用稍软或者调侃的语气把同样的话说出来，做出"像是"开玩笑的样子。

因为我们都知道，所谓的玩笑，三分真、七分假，七分假是为了给对方留点面子，但剩下的三分真却是明示了我们的底线和立场，给对方提个"软警告"。

常用句型

• 您就让我跌个跤，学一学吧。

当长辈特别强调自己有经验时，你可以这么接话。

• 都听您的，万一走错了路，总不好让您负责吧！

比起"都听您的，万一走错了路，难道您要负责吗"，这种说法软中夹硬，比较适合跟长辈说。

准确地识破对方的问题，并且进行有力的反驳，是辩论的前两步。在此基础上再进阶，就到了"借力打力"的境界。在这一层，辩论画风突变，不再是唇枪舌剑、互相攻击，反倒是相互顺承着对方的话以退为进。表面上这是一团和气，但事实上说明，辩论已经进入更深的层次。而借力打力的最高境界，是在对方毫无觉察的情况下驳倒其观点，使其觉得是自己改变了主意。

破解对方的精彩类比

‹ 误区 ›

只强调差异

类比，在说服、演讲、辩论说服的时候都是非常有用的，因为它能够在最短的时间内用形象来抓住人心，使人瞬间秒懂我们的道理，比我们长篇论述逻辑推导要有效得多。一个好的类比，就像一件好的艺术品，可以胜过千言万语。

但很多人在听到类比的时候，下意识的反驳都是：我说的事情和你说的不一样！

举个例子。曾经在一场辩论赛上，正方说，行为都是思考后做出的决定。反方说，那可不一定，你看巴甫洛夫的狗，形成了条件反射，不思考也可以有行为。正方这个时候就很难回应，只能强撑说，人和狗是不一样的，不能一概而论。

要知道，之所以叫"类比"，就是因为二者是有差异的，不然这就是一个"例子"了。何况，人和狗虽然不一样，作为生物都有条件反射这点总是一样的吧，所以这不是一个好的反驳，没有打到点上。就算你真的要强调二者有差异，也应该说清楚差异是什么。

❮ 小诀窍 ❯

借力打力

2016 年，经济学界有一件大事，那就是著名经济学家张维迎和林毅夫就中国的产业政策进行了一番学术辩论。在相关讨论中，很多网友都特别感兴趣两位教授辩论中的一个类比。

> 林毅夫教授说："产业政策肯定还是要有的，因为有一些新兴的产业，国家必须要给予鼓励，就像是第一个吃螃蟹的人，难道不应该得到支持吗？"

林毅夫的观点是说，国家的产业政策必须存在，而且必须要有强大的引导力量，因为很多新兴的产业风险太高，没有人愿意尝试，如果没有国家的扶持，根本就不会有资本愿意在这个方向投资。可是人类总是要不断地去开辟新领域、培育新市场，所以一方面是有这样的创新需求，另一方面，市场本身又不能提供这样的开拓精神，当然就需要国家这只看得见的手，用明确的产业政策来帮助市场这只看不见的手了。

如此洋洋洒洒一大段暗含的道理，林教授只用"吃螃蟹"这三个字就讲清楚了，这就是类比的力量——必须有人去吃螃蟹，可是谁都不敢吃，这个时候就需要鼓励，而鼓励就是国家的产业政策，所以国家产业政策必须强有力地存在。论证完毕！

那么，如果对方提出了这么好的一个类比，如果你只知道说一句：国家产业政策和"吃螃蟹"怎么能够相提并论呢？岂不就显得你这个人很没水平吗？所以你不能笼统地说二者不是一回事，正确的做法应该从两个角度予以阐释。

角度 1：可以试试指出类比之中的不当之处

武侠小说里经常有这样的描写：两个高手决斗，都等着对方沉不住气抢先出招，因为先出招就会先露出破绽，你只要跟进主攻这个破绽就可以了。类比也是一样，只要对方提出一个类比，不管多精准、多漂亮，我们也一定有可以借用来反驳的地方。

道理很简单：拿 A 来类比 B，一定意味着 A 与 B 既有相似性，又不完全等同。相似，就有可比性；不等同，就一定也有不可比性。对方强调可比性，这是对方的自由；我们进一步地指出其中的不可比性，这是我们的自由。不管对方的类比是什么，你指出其中不当的地方就可以了。

所以，在林毅夫教授提出吃螃蟹这个类比的时候，我们的第一反应可以是：这个类比不恰当，因为吃螃蟹是一个自然的市场选择的行为，有那么多的人，有那么多的螃蟹，自然会有人去尝试，没有国家指导意见，也自然会有人尝试。这个时候，如果国家鼓励大家去吃螃蟹，那反而是在扰乱市场。这难道是好事情吗？

你看，这就是所谓"一切类比都有不当之处"，我们只需留心观察并且指出来就可以了。所以，类比固然很好，可是反驳类比也不难。

角度 2：可以顺承对方的类比进行延伸阐述

指出对方类比不当，只是一个基本的原则，此外还有一种更加高级的运用，那就是直接利用对方的类比，在对方的类比基础之上进行进一步的延伸性阐述。

比如，在听完林毅夫教授的论点之后，张维迎教授的反驳，就是首先使用前面提到的基本原则，指出对方类比不当。他说，第一个吃螃蟹的人是因为想要享用美味，而不是受到什么产业政策的指导。紧接着，张教授就做了一个进阶的动作，那就是对这个"吃螃蟹"的类比进行了延伸阐述，而这才是最精彩的部分。

我们看看张教授是怎样完成这两步动作的。他首先说：

> "我没有考察过人类吃螃蟹的历史，但我相信，第一个吃螃蟹的人一定是因为自己想品尝美味佳肴的冒险冲动，而不是因为政府和其他什么人补贴才吃螃蟹的。林毅夫完全低估了企业家的冒险精神。企业家承担风险，是出于信念和愿景，而非计算。凡要靠政府补贴才愿意去创新的人，充其量只是个寻租者，根本就算不上企业家！补贴这样的人会导致南郭先生们滥竽充数。"

然后，他再使用更加高阶的反驳类比技巧，接着这个"吃螃蟹"的论点，推出如下结论：

> "进一步来讲，创新的不可预测性意味着，政府根本不知道谁是第一个吃螃蟹的人，因为你连螃蟹长得什么样都不知道。政府不应该阻止任何人吃螃蟹，但也没有必要为吃螃蟹埋单，因为那会诱使许多人假装吃螃蟹，但实际上不过是拿出吃螃蟹的姿势啃馒头。从啃馒头中得到的经验，对吃螃蟹没有什么意义！"

这第二段反驳，可以说是神来之笔，因为他并没有直接地去指责对方的类比不当，而是接着对方的类比往后说，让对方从自己的类比之中发现荒谬之处。

本来就是简简单单的一个吃螃蟹的类比，被张维迎这么一说，就变得妙趣横生，画面感十足，而且还没法再继续反驳他，因为吃螃蟹这三个字是对方提出来的，人家只不过是接着这个类比往后讲而已！

以上所说的，只是长篇辩论之中一个很小的交锋点，但是由小见大，我们可以看出类比这样一种修辞手法在辩论中的重要性。学会类比和反驳类比，是一项重要的辩论技能。

〈 使用注意 〉

类比，其实并不是一种论证方式，而是一种为了让自己的观点简单易懂的表达手段。所以反驳类比并不等于推翻对方的理论，只是指出对方表达方式的不恰当。

就拿两位教授的辩论来说，最终观点的胜负也不完全取决于类比，而是取决于他们实打实的对经济的洞见。

拒绝上级的不合理安排

〈 误区 〉

不合理的要求叫磨炼

职场上有一句老话，叫作"千万不要对领导说没办法，要说也只能说正在想办法"；还有一句话说，"老板提出的要求，合理的叫训练，不合理的叫磨炼，总之都是很好的锻炼。"

但这种传统观念，在现今这个讲究高效组织、弹性管理的职场，已经越来越不适用了。在企业中，我们总会希望当老板做出错误安排的时候，身为下属能够有效地提出规劝，大胆说"不"，避免上级犯浑。

的确，职场上既有像赵高这样指鹿为马、颠倒黑白的，也有像李世民那样察纳雅言、犯而不校的，但是这两种人都是极少数。绝大多数领导都是正常人，既不是完全不讲道理，也不会完全从善如流。所以，对领导说"不"，不是不行，而是不能硬来，要有智慧，要讲策略。

〈 小诀窍 〉

唤醒领导心中的第三方

拒绝老板，我们可以实行三步骤。这三步并没有否定领导的安排，可是细想一下就可知道，我们之所以否定领导的安排，肯定是觉得他们不对，也肯定有自己的道理，但怎样让领导觉得不是出于抵触情绪，而是因为事情本来就不应该这样做呢？这就是需要智慧的地方了。

第一步：战略上高度肯定

战略上高度肯定，其实就是表态的事。你的潜台词是："领导，我是完全没有抵触情绪的，您说得都对，高屋建瓴、视野宏大、锐意进取、敢为人先。"

这不是拍马屁，而是在表明我们是能理解他的出发点的。毕竟人家地位比我们高、看得比我们远，他的初衷肯定是对的，在这一点上没必要跟他犟，否则后面几步不好展开。

第二步：成本上精密核算

反驳一个不好的方案，最不伤和气的说法是："我倒是愿意啊，可是做起来，要付多少？"

举例来说。战国时，齐宣王帮了周天子一个大忙，代价是要拿走周王室最后的一件宝贝——传说中象征天下最高权威的九鼎。周天子心里当然是拒绝的，但嘴上不敢说，于是就让一个叫颜率的说客去对齐王说"不"。这个颜率是怎么说"不"的呢？就是通过成本上的精密核算。

他对齐宣王说，九鼎我们愿意给，都给您打好包了。问题是这快递怎么送呢？走哪条道都有一堆强国虎视眈眈，半路上绝对把东西给你黑了；你要派人来保护呢，也行，我就给你算账，具体一个鼎需要多少人搬、多少人护送、多少人运送粮食、多少人维修道路等，我给你整一个详细的账目，最后一算下来，齐宣王傻眼了——没法儿弄啊，算了，九鼎还是先放在你们那儿吧。

以上这个故事，就是一个通过成本上的精密核算，让别人打消念头的经典案例。颜率算的账对不对并不重要，重要的是，当面对一个不敢得罪的人，又想拒绝他的要求的时候，唯一的办法就只有通过把事情落到实处，把账一笔一笔地算清楚，让对方自己打消念头。

毕竟，不管霸道总裁多霸道，他身为总裁还得对公司或者至少是对自己的业绩负责。所以一件事情他想不想做只是一方面，做了划不划算才是关键。让他清清楚楚地知道这件事划不来，而且我们已经在尽力执行了，不是在跟他对着干，那么不管多顽固的人，只要不傻，都会主动收回成命。

　　再举个例子，有家著名企业的老总跟底下的部门负责人说："今年干得不错，但是明年我要销售额达到今年的 10 倍。"底下人立马疯了，说今年干成这样已经累死累活了，10 倍怎么可能呢？

　　这个老总接着说："你们这个思路就不对了，我不是问你们可不可能，我是问你们，如果要做到明年销售额是今年的 10 倍，我们需要做什么？"

比起齐宣王，这个老板就上道一点了。他的意思是说：我并不是不讲道理的人，我提出一个要求，能不能做到当然受很多条件的限制，我绝对不会硬来。但是，你们作为下属，不能直接跟我说没办法，你们得尽一切可能去想办法，然后告诉我这些办法需要多少成本，由我权衡之后再来决定做还是不做，这才是一个合格的下属应尽的义务。

　　所以，身为这个老板的下属，我们应该如何打消老板迷茫的狂想呢？很简单，还是算账。

　　比如，我们可以说："老板，明年销售翻 10 倍当然可以，不过相应的营销成本会几何级数地增加，融资方面烧钱要烧到 ×× 量级，万一市场有任何风吹草动，都有巨大的不可控风险，请您权衡一下，您觉得可以咱们就干。"

我们站在老板的角度想一想：下属说"不"，唯一的正当理由就是这件事本身划不来，而下属难免有偷懒的嫌疑，所以必须有翔实的论据表明这件事真的就是成本太高，才能打消老板的怀疑。所以，想要拒绝来自领导的不合理安排，成本的精密核算是最重要的一个环节。

第三步：决策权完全上交

即便我们把成本精密地核算清楚了，也不能高兴得太早，你还要有第三个步骤，那就是做出决策权完全上交的姿态。这一步为什么重要呢？因为领导也是人，是人就有自尊——敢情你们算出来证明我不对是吧？难道是我蠢？但凡他产生这样的心理，我们的日子就不好过了，因为他的第一反应肯定是不相信我们的计算，要么让我们重算，要么让我们先干起来再说，干不好还是我们的错。所以，我们就算第二步的成本核算做得再棒，也千万别露出一张"我早就知道"的得意嘴脸，而是要完全不动声色，客观中立地把执行计划和相关成本报给他看，让他自己去裁决。

〈 使用注意 〉

为了让老板觉得你不是在故意推脱工作，在核算成本的时候，你要尽量展现出不辞劳苦、不厌精细的努力。这样，在汇报的时候，既能展现出你的专业与大局观，更能让老板觉得，所幸有你的仔细，才能让他做出正确的判断。

常用句型

- 领导，这件事情我们也愿意推进，只是成本有点高，您看怎么办呢？
- 领导，这件事情的成本就是这样，是否要继续推进您来决定。

避免被别人"架起来"

〈 误区 〉

为了不被戴帽子，只好拼命甩帽子

在第三章里，我们提到了把人"架起来"这种说服技巧。现在你用借力打力的思路想一想，如果你被人架起来，是不是可以反过来借用"被架起来"的局势做文章呢？下面，我们来示范一下对"借力打力"原则的这种运用。

我们先来分析一下，为什么对方通过戴高帽来强化我们的身份和能力，就能让我们产生压迫感，以至不得不接受其提议呢？原因在于我们的社会常规。

能者多劳、高尚者不计酬劳、男人要豪爽、有品位的人要舍得花钱买……这些虽然没有明文规定，但却都是社会默认的共识。

那要怎样开口拒绝呢？有一种方法就是当别人送上高帽子的时候，我们刻意谦虚、刻意把姿态摆低，好甩掉那顶高帽。

比如，人家可能夸你："听说你们那地方的人酒量好啊，您多喝点哈。"像这种高帽，你虽然可以用自贬的方式说"哪有啊，我酒量比你还差咧"，但这种过程，一方面憋屈，另一方面，对于某些其他领域的高帽子，你就不好一路憋屈到底。

比如对方说："你是大人嘛，别和孩子计较，让让他吧。""你是个专业设计师，帮帮我这个门外汉吧。"难不成你要跟他说，"对不起，我还是个宝宝""对不起，我是个不专业的设计师"？

可见，传统上那种"甩帽子"的回应方式，固然是不会给自己压力，但伤敌一千自损八百，你拒绝对方的同时，也把自己的社交形象给毁了。

《 小诀窍 》

借力打力

当遇到别人给你戴高帽的时候，比较聪明的方法不是拒绝那顶高帽，而是把高帽戴上去，借着高帽的威严，提出不一样的要求。比如，还是拿喝酒这个例子来说：

> "来来来喝一杯，男子汉大丈夫，这点酒算什么！"
>
> "哼，男子汉大丈夫说不喝就不喝！"
>
> "你们东北人都豪爽，来，把这杯喝了！"
>
> "哎呀，你不知道，我们东北人说一不二，说不喝酒的时候就是真不喝酒！"

你看，既然你要我喝酒的时候说我是男子汉，那么坚持自己的立场不动摇，不也是男子汉的魅力吗？

又比如，对方可能说："你是大人嘛，别和孩子计较，让让他吧。"你就干脆接过这顶"大人"的帽子，这么回应对方："正因为我是大人，所以我觉得我有教育这孩子的义务。如果这么惯孩子，这孩子以后还怎么得了啊？"

你觉得这一下对方还能够怎么回应？我应该在这孩子面前有大人的样子，这可是你说的呀！

再比如，有人会这么要求："你是个专业设计师，能不能麻烦你帮帮我这个门外汉，设计个简单的logo啊？"同样，你也可以大大方方地把"设计能力很强"这顶帽子接过来，端起专业设计师的身份，这么回他：

"哎呀，那你就不懂了。正因为我们是专业的设计师，我们的规矩就是不能免费帮人家做。为什么呢？因为像我这种专业的设计师，出手的都是招牌。你这类 logo 要想弄出一个合格的成品，起码还需要两三个星期时间，去了解你们公司、你们这个行业的 logo 设计现状，还有诸如此类的一大堆工作，才能开工设计。所以如果你资源有限，请听我一个专业的建议——你应该去找一个业余的设计师。"

你想啊，对方已经毕恭毕敬地认定你是"专业的设计师"了，你给的"专业意见"，他还好意思反驳吗？

你有没有发现，当对方试图把你给架起来，不断强调你的身份和能力，来给你制造压迫感的同时，他也会同时强化你在他面前的权威感。这本来就是一体两面的事情。当对方承认了你的身份高、能力强时，其实也意味着，他承认你在这方面经历过的、做到过的都比他多。而所谓的"反制"，就是借用对方帮你架起来的权威，反过来告诉对方：你这个要求，我没理由答应你。

‹ 使用注意 ›

当别人有求于我们的时候，由于我们是刻意要戴着别人递来的高帽子讲话，所以在摆出姿态的同时，要注意对方请求的性质。在不同的情况下，你的态度要有微妙的不同。比如朋友之间的敬酒，你要用半开玩笑、半认真的态度来说；而当对方是认真地托付你办事情，那拒绝的时候就要同样认真严肃地表达。

这两种情况下的态度如果对调，就很不合适了。

常用句型

● 对，就因为我是……所以我才……

面对高帽，不要否认，肯定对方对你的定位，再利用对方送给你的话语权优势，将事情导向你想要的方向。

好
好
说
话

主创成员

马东、马薇薇、黄执中、周玄毅、邱晨、胡渐彪、刘京京
《奇葩说》缔造者，三季冠军及幕后导师团队，华语圈最
会说话的组合

特别鸣谢

汪有、罗淼、梁秋阳、许晓彤

音频产品

相关音频产品已登陆"喜马拉雅FM"App，可扫码订阅收听